JN123794

税理士のための
相続税
Q&A

# 小規模宅地等の特例

税理士
白井一馬〔著〕

中央経済社

# シリーズのリニューアルについて

本シリーズは，相続税の税率引上げや基礎控除の引下げ等の大幅改正をふまえて，2014年に全６巻で刊行されました。刊行から６年余を経過した現在，毎年行われる税制改正により全ての巻のいずれかの箇所で改訂が必要となりました。

つきましては，シリーズ名を『税理士のための相続税Ｑ＆Ａ』と改め，全６巻の体系は維持しつつ，各巻とも，制度改正をふまえた見直しを積極的に行いながら，重要項目あるいは改訂項目に逸早くたどり着けるよう索引を収録するとともに，コラム「スタッフへのアドバイス」を適宜追加することといたしました。

索引の収録は，旧版から収録されていた『株式の評価』の巻を読まれた方が索引の使い勝手の良さを強く感じられて，全巻への索引収録を熱心に要望されたことに応えた結果です。

また，「スタッフへのアドバイス」は本シリーズが税理士の方のみならず事務所や法人スタッフなど多くの方々の役に立つことを編集スタッフが希望したものです。

世間はいわゆる想定外のコロナ禍で大きな混乱を招いていますが，本シリーズが制度内容の詳細な解説にとどまらず，税理士の方や税理士事務所，税理士法人のスタッフの方々にとって，相続税実務を進める際の良きパートナーとなりますことを切に願うところです。

令和２年（2020年）９月

㈱中央経済社

代表取締役社長　山 本　継

# はじめに

税法は，税制改正を繰り返しながら常にその時代の最先端の取引を扱う法律といえます。近年は後継者の不足から事業承継税制が充実してきました。雇用の安定を期待して所得拡大税制が作られています。仮想通貨に対しても税制はすぐに対応します。

小規模宅地特例は土地に対する税制ですが，土地政策は古典的でありながら常に最新の関心事でもあります。地価が高騰すれば土地重課制度で取引を抑制し，取引を促したいときは租税特別措置法で土地の譲渡や取得を優遇します。近年はタワーマンションの取得を利用した節税が盛んに行われており，どのように規制するかという議論がたびたび登場しています。しかし，税制の規制を行って市場を冷やしたくないのが地価を上げたい政府の本音でしょう。改正は簡単ではありません。小規模宅地特例も，その時々の情勢に影響され改正が繰り返されてきました。

小規模宅地特例は地価高騰の時代に登場しました。とくに都心と地方の地価格差が社会問題になった昭和50年に，事業用宅地と居住用宅地の相続後の継続を保護することを目的にした税制として創設されました。面積に限度を設け，算出された金額に上限がないのがこの制度の特徴です。限度面積以内の宅地であれば単価が高ければ高いほど制限なく減額が可能になるということです。逆に広大な住宅の敷地は全体の評価額が高くても減額はそれほど大きくありません。つまり比較的面積が小さく単価が高い都心の宅地を保護する趣旨の制度です。

しかし，土地の取得が節税目的で行われるようになると小規模宅地特例を制限する改正が行われました。事業的規模であることを貸付事業用宅地の基準にしたのです。しかしその後はバブルの崩壊で地価の下落が問題になると，事業的規模要件が撤廃され，限度面積を拡大し，同族会社の事業用宅地も対象にするなど制度が拡大され，土地保有の保護を強める改正が行われました。

税法を扱う専門家は時代の一番新しい問題を扱っています。では今，資産に関する納税者の最大の関心事はなんでしょうか。それは高齢化とデフレの問題です。この２つの問題はそれぞれが関連しあって，現在の住まいに関する社会問題や，事業を取り巻く経済状況を作り出しています。たとえば小規模宅地特例をアドバイスすることは，資産をもつ高齢者の住まいとは何かという問題を考えることでもあります。様々な二世帯住宅が建築され従来の質疑応答では対処しきれなくなると，二世帯住宅の形態を問わず減額を認める改正が行われました。老人ホームに入居すれば留守宅に小規模宅地特例は使えないとする考え方が改められ被相続人の居住用宅地と扱うことができるようになりました。また，相続税の節税を目的に区分所有の賃貸物件を取得することが流行したため３年縛りの規制が導入されました。

さらに今後は，個人版事業承継税制による事業用の宅地には納税猶予が可能になりましたが，特定事業用宅地等の特例と特定事業用宅地との関係を考える必要がありますし，近い将来には大きな改正が控えているのかもしれません。

そしてこのたびの新型コロナウイルスによって経済活動が停滞し，東南アジアの人たちによる不動産価格の下支えがなくなることを考えると，不動産市況にこれまでにない甚大な影響があることは間違いありません。これは小規模宅地特例の将来の改正にも影響することでしょう。

税理士は税制を通じて社会問題を身近な問題として取り扱うのですから，資産家にとって最も信頼のおける相談相手といえます。小規模宅地特例の理解を通じて，依頼者の住まいや事業について良きアドバイスにつなげることが税理士に求められています。

令和２年９月

白井　一馬

# 目　次

**スタッフへのアドバイス**

# 凡　　例

相法………相続税法

相令………相続税法施行令

相規………相続税法施行規則

法法………法人税法

法令………法人税法施行令

法規………法人税法施行規則

所法………所得税法

所令………所得税法施行令

所規………所得税法施行規則

国通法……国税通則法

措法………租税特別措置法

措令………租税特別措置法施行令

措規………租税特別措置法施行規則

評基通……財産評価基本通達

相基通……相続税法基本通達

法基通……法人税基本通達

所基通……所得税基本通達

措通………租税特別措置法関係通達

相法３①一→相続税法第３条第１項第１号

# 第1章
# 総　　論

## Q1 小規模宅地特例の立法趣旨

小規模宅地特例は多様な事例が想定されます。最近は二世帯住宅や老人ホームの特例など条文が難解になってきました。どのように制度全体を理解すればよいでしょうか。

**A** どのような税制にも立法趣旨があります。自分が主税局の役人であれば，被相続人の自宅にかかる相続税を軽減する制度を作るよう指示されたら，どのような条文を作るか。そのような視点で考えてみるのです。

### 解説

#### 1　立法趣旨から学ぶ小規模宅地特例

税法は社会の変化・進歩に合わせて毎年改正されます。社会には常に新たな取引や商品が登場します。それに合わせて税法も毎年改正されます。仮想通貨が登場すれば，すぐに対応する改正が行われます。税法を学ぶことは社会の最先端を学ぶことです。一番最初に新しい商品やサービスについて対応するのは税法です。

小規模宅地特例もまさにそのような側面があります。二世帯住宅や老人ホームが多様化しそれに合わせた改正が行われてきました。民法が改正され配偶者居住権が創設されればすぐに小規模宅地特例も改正されました。高齢化社会の到来でありそのような時代の配偶者の保護が小規模宅地特例にも反映されているのです。

申告書の計算方法は法律で決まっているのだからそれに従い粛々と処理するだけでしょうか。そうではありません。千変万化する社会に条文を字句どおり当てはめて税金の計算をするのはそもそも不可能です。もし条文の字句だけで対処しようと思えば数万の条文が必要になってしまうでしょう。それがなぜ少ない条文で税金の計算ができるのでしょうか。税法には立法趣旨があります。そしてその趣旨を理解するには常識や価値観が必要です。税法を解釈して実務の処理を実行するのは，価値観を伴う人間的な作業です。

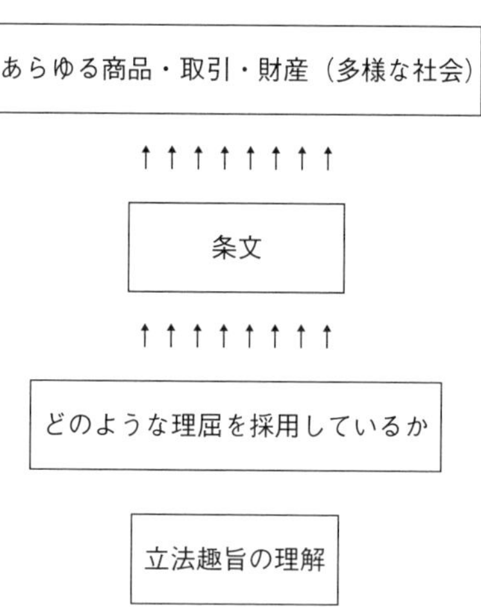


## 2　立法趣旨とは何か

立法趣旨とは要するに立案者が思い描いた制度の枠組みです。小規模宅地特例の前提となる思想を発見できれば条文の射程は自ずと明らかになります。財務省の役人は，税法条文を作るにあたり，まず価値観，税法的な正義から出発します。その法律条文によって税金をかけるのか節税を認めるのか，それは自然科学のように当然に決まるわけではありません。価値観がなければ法律は作れないのです。

自宅を相続した同居の親族であれば相続税の負担を軽くしてもよいが，別居の親族が相続して同居相続人を追い出したら適用は認めない。しかし相続したのが配偶者であれば認めてもよいだろう。さらに被相続人が一人暮らしであれば別居親族でも認めてもよいだろうという価値観です。この一文で小規模宅地特例（特定居住用宅地等）の立法趣旨が語れます。

・どのような節税が想定されどのように防止すべきか
・評価減を認めて保護すべきはどのような相続人か
・被相続人はどのような状況にあったことを要件にするのか
・実現したい課税関係はどのように実現するか

次に立法趣旨を実現するための条文作りです。ここで理屈が登場します。だとすれば，条文から理屈を発見し，その理屈の前提にある税法的な価値観を税理士は見つけなければなりません。つまり法律を作る側とは逆を辿るのです。小規模宅地特例の条文の背後にある思想が理解できれば，理屈で正しい判定を行うことができますし，判定に誤りがあっても，どこかで小さな「違和感」を感じることができれば，ミスに気づくことができます。条文をマニュアルと考え，実務書を読んで申告ソフトで税金を計算するだけでは楽しみはありません。

たとえば法人税法は組織再編税制が登場してからというもの税法条文はマニュアル化してしまいました。これでは面白くありません。税法の学びにはオリジナリティがあるのです。

これは独りよがりとは違います。なぜなら税法は，あらゆる取引や納税者の状況を整合的に適用できるものでなければなりません。先ほど税法的な正義と書きましたが，これは理屈と整合性にほかなりません。形式が異なっていても結果として同じ行為を行っているのであれば同じ課税関係の実現ができなければ租税回避の温床になります。誰も気づいていない理屈を発見しその理屈であらゆるケースへの条文の適用が説明できれば個々の要件を記憶することが不要になります。それを見つけたときには新発見の喜びがあるのです。整合性こそが税法条文の最も重要な課題です。整合性が欠ける条文は常に節税の温床になってしまいます。

もう1つ大事なことがあります。当初の立法趣旨が時代の変遷で変わることもあります。いや，立案者の立法趣旨が微妙に実務と整合しないこともあります。趣旨は実務に整合するよう常に再構築されねばなりません。実務に耐えうる共通の理解と整合性を発見するのは実務家の仕事です。本書では大胆に小規模宅地特例の立法趣旨を構築し，記憶を不要とする小規模宅地特例の趣旨の理解を目指します。

資産税業務においては1つでも要件を見落とせば，取り返しのつかないミスにつながってしまいます。法人税のように期間損益の問題として，いつかは解消するというわけにはいきません。税理士は過少申告を怖れます。しかし過少申告の実害は加算税だけです。本当に注意すべきは過大申告です。小規模宅地特例を適用しないまま申告してしまった場合の実害は無駄に納めた本税全額です。

### 3　制度の歴史から考える

改正の歴史を知ることで，現在の条文を位置づけることも重要です。小規模宅地特例は，昭和50年に個別通達として創設されて以来，幾度かの改正を経て，現在の制度に至っていますが，その時代ごとの経済情勢を背景に政策的な観点から改正が行われています。たとえば，地価が常に右肩上がりだった昭和の時代は，基礎控除の拡大とともに小規模宅地特例の対象となる宅地の拡大と，減額割合を増加させる改正が行われてきました。いわゆるバブル崩壊後は，地価下落を防ぐために，適用面積を拡大する改正が行われてきました。さらに，平成25年度改正では，少子高齢化時代に対応するため，二世帯住宅や被相続人が老人ホームで亡くなった場合などに対応する改正が行われています。また租税回避を防止する改正が並行して行われていることも特徴です。

## Q2 歴史で学ぶ小規模宅地特例

**小規模宅地特例は，過去にも特例対象となる宅地の範囲や適用可能面積，減額割合が何度も改正を重ねていると聞きます。現在の制度を理解するために創設から現在までどのような改正があったのか教えてください。**

**A** 小規模宅地特例は，各々の時代の経済事情を反映し，土地政策に影響されてきました。地価高騰の時代には要件を引き締め，地価上昇を期待するときは優遇を強めています。またここ数年は租税回避防止としての改正が行われています。

### 解説

#### 1　創　設

小規模宅地特例は，個別通達でスタートした制度です（昭和50年6月20日付直資5－17「事業又は居住の用に供されていた宅地の評価について」）。被相続人の事業用宅地または居住用宅地のうち，200㎡までの部分は，通常の評価額の80％相当額によって評価することとされました。つまり20％の評価減を通達によって認めました。

当時は，貸付用宅地は含まれていませんでした。本来，生活基盤として最低限の事業用宅地や居住用宅地を保護する趣旨からは，不労所得のための貸付用宅地を取得した相続人に対して，税制面で保護することは想定されていませんでした。

昭和58年に，租税特別措置法（当時は70条）によって法令上の措置となりました。この当時の地価は，比較的安定している時期もあったものの長期的には上昇を続けており，個別通達時代に比べ，宅地の範囲を拡大した上で，減額割合も引き上げられています。創設時の減額割合は，200㎡までの部分の宅地について，事業用宅地については40％，居住用宅地は30％とされました。準事業としての貸付宅地が事業用宅地の範囲に含まれることになり，事業的規模でない貸付用の宅地についても事業用宅地として減額が認められました。

被相続人と生計を一にする親族が事業または居住の用に供していた宅地も減額対象になりました。相続時に同居していなくても生計を一にしている場合を対象にしました。

なお，この時期には非上場株式の評価額も改正されました（昭和58年度の税制改正に関する答申）。昭和47年に類似業種比準方式の計算式が改められ，それまでよりも評価額が下がるようになりました。また，小会社についても純資産価額方式と類似業種比準方式との折衷方式を認めるなど，相続税の評価の面で納税者有利になりました。個人の事業用不動産や同族会社株式の評価が政策的に引き下げられる時代に入ったわけです。

### 2　バブル景気までの地価高騰の時代

地価高騰に対応し，基礎控除の拡大とともに小規模宅地特例の減額割合が引き上げられました。バブル経済による地価高騰は，主な財産が自宅しかない一般家庭にも相続税が課税される時代を到来させました。

昭和63年には基礎控除の拡大とともに小規模宅地特例についても，事業用宅地等は60%，居住用宅地等は50%へと減額割合が拡大されました。基礎控除はそれまで長らく2,000万円に相続人１人当たり400万円だったのを，4,000万円に相続人１人当たり800万円へと倍増させました。また，最高税率の引下げと超過累進構造緩和の改正もありました。

一方で，節税目的の賃貸不動産購入が問題になった時代でもありました。今現在，「相続増税時代」ともいわれ，相続税の節税ノウハウの書籍刊行やセミナーが行われていますが，バブル景気の時期は，所得税や相続税対策として，今からみれば異常とも思えるほどの節税ブームが到来しました。

なにしろ，都市圏ではピーク時の地価がバブル前に比べ３～４倍になり，それを追いかける路線価の上昇は，資産家や経営者にとっては脅威です。将来いくらになるか予測できない相続税の増加を抑える対策は，まさに生存対策であり節税は正当防衛だったわけです。

そのため，ワンルームマンション投資，賃貸アパート投資による貸家建付地などの評価引下げ効果に加え，小規模宅地特例の利用を目的とする不動産投資が流行しました。これを課税当局も見過ごすことはできず，事業に準ずる貸付宅地等を小規模宅地特例から除外しました。昭和63年度改正により，減額の対象になるのは５棟10室基準を満たす事業的規模のもののみとされました。

ちなみに，負担付贈与通達や，相続開始前３年以内に購入した土地の取引価格での評価規制，株式保有特定会社の株価評価の特例，養子縁組の人数制限などの改正が行われたのもこの頃です。

土地神話に基づく右肩上がりを前提とする課税体系や，地価高騰に対処する応急処置としての規制は，逆にバブル崩壊後の土地の値下がり時代に，多くの矛盾を生じさせ，課税当局は，また別の意味で税制改正に苦労することになります。その要因となったのがこの時代といえるでしょう。

### ３　バブル崩壊後の地価が下落する時代

平成６年に，現在の「特定事業用宅地等」「特定居住用宅地等」の区分が設けられています。事業的規模でない貸付宅地等も本特例の対象として復活しました。また，「特定同族会社事業用宅地等」が新たに創設されるとともに，１棟の建物の敷地の一部でも特定居住用宅地等に該当すると，その１棟の建物の敷地全体が特定居住用宅地等に該当するものとされるなど，優遇の範囲が拡大されています。

平成６年当時は，バブル崩壊後，経済不況の長期化が懸念されていた時期であり，時価と相続税時価の逆転現象が社会問題になったことも，より優遇を強める改正に影響しています。

また，特定事業用宅地等や特定居住用宅地等は，相続後の取得者の利用・保有状況が要件に取り込まれたため，申告期限までの分割が要件となり，未分割の宅地には小規模宅地特例を適用できないことになりました。遺産取得者課税の一面が明確化したことになります。

平成11年度から平成13年度改正にかけて限度面積が特定事業用は400㎡に，

特定居住用は240㎡に拡大されています。それまではいずれも200㎡が限度でした。

## 4　過度な優遇の廃止

平成22年度改正では，平成６年度改正以来，優遇のしすぎともいえる部分について改正が行われました。

申告期限まで事業または居住を継続しない場合を減額対象から除外し，宅地等を共同相続した場合には，取得した者ごとに適用要件を判定することになりました。したがって，従来は共同相続人の１人が要件を満たしていると，敷地全体が減額の対象となっていましたが，改正後は，持分に応じた面積按分の上，要件を満たす者のみが小規模宅地特例の減額を受けることができるようになりました。また，１棟の建物の敷地に特定居住用宅地等が含まれる場合の優遇措置を廃止し，特定居住用宅地等については１つに限ることを明確化しています。

平成25年度改正で限度面積を拡大するための地ならしとしての改正ともいえます。

## 5　高齢化社会の居住の多様化への対応と地価対策としての優遇拡大

平成25年度改正では，二世帯住宅や老人ホームに入居した場合など，高齢化社会に伴う整備が行われました。

同時に特定居住用宅地等の限度面積を330㎡まで拡大し，特定事業用宅地等との完全併用を認め最大で730㎡とするなど，土地の取得を促し，地価上昇を期待する政策的な改正が行われていることも特徴的です。まさに平成バブルの頃とは逆の発想になっていることがわかります。

## 6　悪用防止の改正と民法改正への対応

近年のタワーマンションブームが相続税の節税に利用されました。タワーマンションの相続税評価額が実勢価格よりも極端に低いことを利用し，相続の直前にタワーマンションの上層階を購入しておくことで財産を圧縮する手法です。

これを防止する一環として，平成30年度改正で，相続開始３年以内に取得した貸付物件には貸付事業用宅地等の特例を適用しないことにしました。また，翌年の改正で，特定事業用宅地等の特例についても同様の改正が行われました。

平成31年度改正では，民法改正によって創設された配偶者居住権が設定された宅地について，小規模宅地特例の適用を可能とする改正が行われています。

**スタッフへのアドバイス**

**平穏な家族の相続**

小規模宅地特例は，配偶者の税額軽減と並んで相続税の申告に不可欠な制度です。

遺産分割について相談されたとき，税理士は小規模宅地特例を積極的にアドバイスしてください。小規模宅地特例は，配偶者・同居する親族・被相続人から生活費を得て居住する親族が取得すればそれが節税にもなるわけです。特例の適用を受けない親族の税負担も軽減されます。小規模宅地特例を利用すれば円満な遺産分割に繋がることが多いのです。

では，不幸にもそれぞれが自分の主張をぶつけ合うような相続紛争になってしまった場合も，税理士は遺産分割に関与すべきでしょうか。これは避けるべきです。小規模宅地特例の減額を特定の相続人にアドバイスすることは，むしろ紛争の原因にしかなりません。遺産分割のツールとして税制を利用できるのは平穏な家庭に限られます。

## Q3 小規模宅地特例の各制度の概要

各制度の概要を教えてください。

**A** それぞれの制度固有の要件を理解することが必要です。

（法令・通達） 措法69の４，郵政民営化法180

**解説** ……………………………………………………………………

### 1 特定事業用宅地特例等

小規模宅地特例の限度面積と減額割合

| 用途 | 区分 | 限度面積 | 減額割合 |
|---|---|---|---|
| 事業用 | 特定事業用宅地等 | 400㎡ | 80% |
| 貸付事業用 | 特定同族会社事業用宅地等 | 400㎡ | 80% |
| | 貸付事業用宅地等 | 200㎡ | 50% |
| 居住用 | 特定居住用宅地等 | 330㎡ | 80% |

特定事業用宅地等の特例（措法69の４③一）の趣旨は，次の「事業」を保護することにあります。

(1) 相続によって被相続人の事業を承継した親族の「事業」
(2) 被相続人と生計を一にしていた親族の「事業」

立法趣旨としては，(1)は相続により承継した事業の保護，(2)は同一生計の親子が生前事業承継した場合の事業の保護です。

具体的に，まず(1)は，被相続人の家業としての「事業」を申告期限までに承継した場合に，相続した事業用の宅地等について400㎡を限度に80%の減額を認めます。

**【図表3－1】親族が家業を承継した場合**

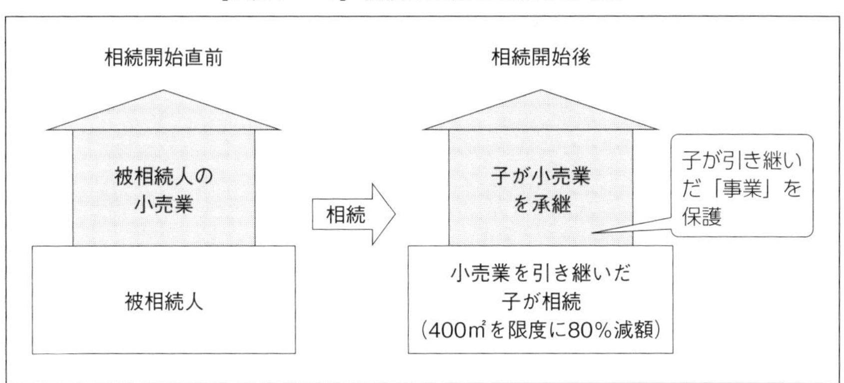


⑵は，被相続人と生計を一にしていた親族が営む事業であれば，相続した事業用の宅地等を減額するというものです。典型的には，同居する（同一生計の）父から子へと家業の承継が行われ，その後，父に相続が発生した場合です。⑴は相続の機会に家業を承継しましたが，⑵は生前に家業を承継しています。小規模宅地特例は昭和58年にできた制度です。商売人の家族で相続により事業承継があっても，生前に事業承継があっても同様にその事業用宅地を保護すべきだとされたのです。

**【図表3－2】生計一親族が事業用の敷地を相続した場合**

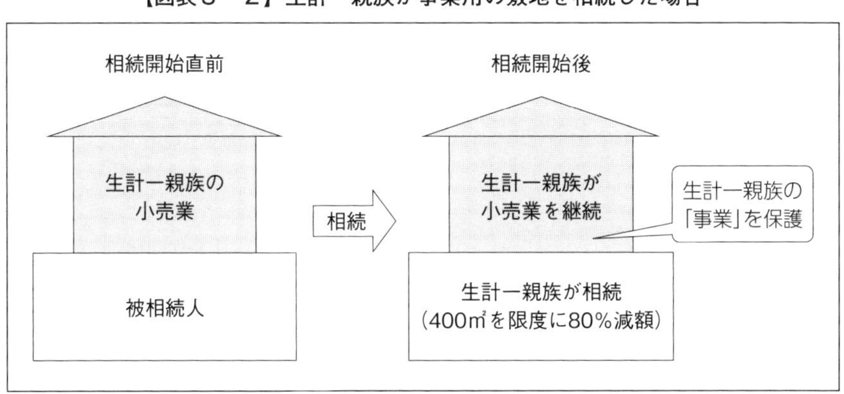

## 2　特定居住用宅地等

この特例の趣旨は，被相続人またはその生計一親族が，居住の用に供している宅地を取得した場合に，その親族の相続後の「居住」を保護することです。

> ⑴　配偶者の「居住」
> ⑵　被相続人と同居していた親族の「居住」(同居特例)
> ⑶　いずれ被相続人と同居する予定であった持ち家のない親族の「居住」(家なき子特例)
> ⑷　被相続人の生計一親族の「居住」(生計一親族の特例)

⑴は，被相続人の配偶者が取得した場合です（措法69の４③二本文）。配偶者は，被相続人あるいは被相続人の生計一親族が居住していた居宅敷地の取得について，他の親族が取得した場合と異なり申告期限までの保有継続要件や居住継続要件がなく，無条件で330㎡を限度に80％の減額が認められます。税法は，残された配偶者が居宅を相続することを当然に保護しているのです。

**【図表３－３】配偶者が居宅を相続した場合**

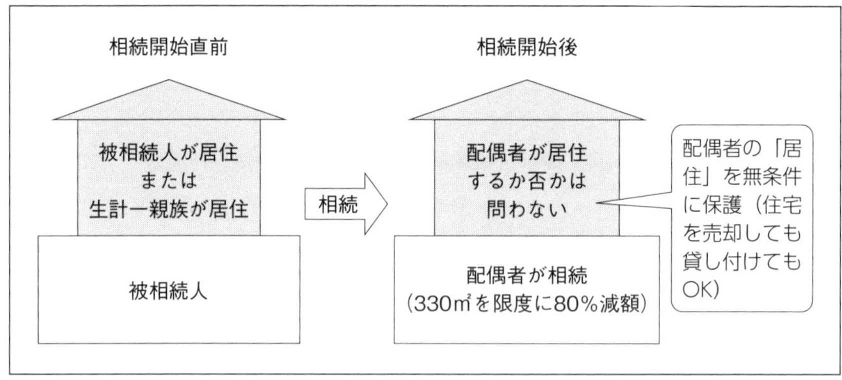


⑵は，被相続人と同居していた親族が被相続人の居宅敷地を相続した場合の居住の保護です（措法69の４③二イ）。親子が同居するのが当たり前だった昭和の時代の制度といえます。

**【図表3－4】同居親族が自宅を相続**

相続開始直前
被相続人と
子が同居
被相続人
相続
相続開始後
同居していた子が
引き続き居住
子の「居住」を
保護
同居していた子が相続
（330㎡を限度に80%減額）

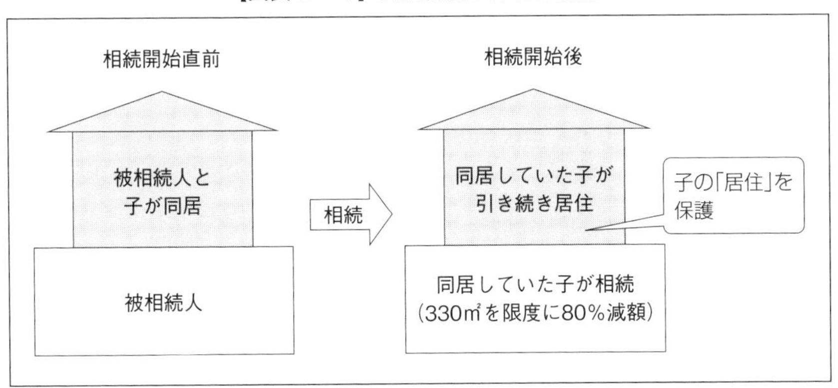

(3)は(2)の延長線上の措置で，親子が同居できなくなった場合に適用する制度です。

たとえば，実家でもともと親と同居していた子が，転勤により別居し実家に戻る前に，相続が発生した場合を考えてみてください。同居中であれば(2)の同居特例を使えたはずですが，転勤中であったがゆえに小規模宅地特例が使えないことになってしまいます。そこで，同居特例の例外として家なき子特例（措法69の４③二ロ）を認めているというわけです。

**【図表3－5】転勤中につき別居の子が自宅を相続した場合**

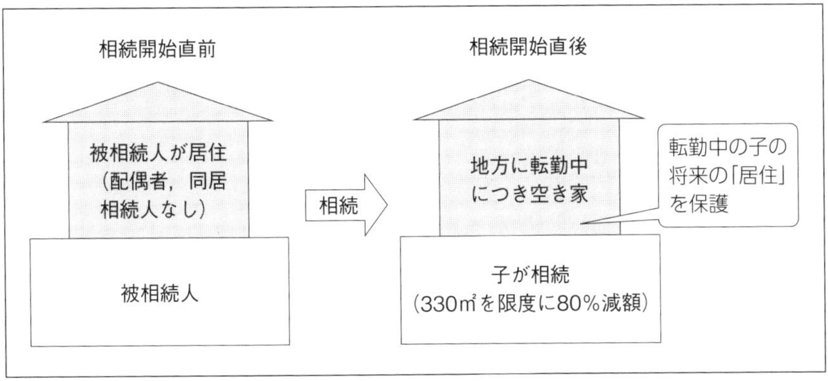

相続開始直前
被相続人が居住
（配偶者，同居
相続人なし）
被相続人
相続
相続開始直後
地方に転勤中
につき空き家
転勤中の子の
将来の「居住」
を保護
子が相続
（330㎡を限度に80%減額）

(4)は，たとえば父親が転勤のため家族を残し居宅を離れている間に相続が発生し，実家に残された子が居宅敷地を相続する場合が典型です。被相続人が扶養する未成年の子（生計を一にする親族）が宅地を相続したのであれば子の居住は保護すべきです。

具体的な要件は，被相続人と生計を一にしていた親族が被相続人の居宅に居住しており，その居宅敷地を相続して申告期限まで継続保有することです（措法69の４③二ハ）。

**【図表３－６】生計一親族が自宅を相続した場合**

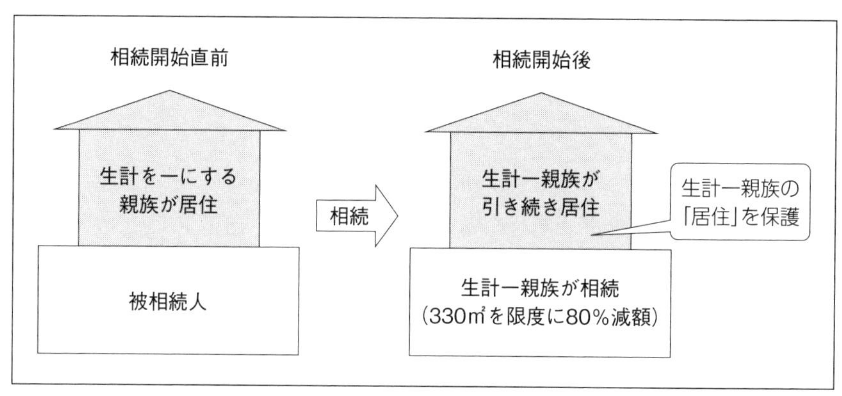


## ３　特定同族会社事業用宅地等

特定同族会社事業用宅地等の特例は，同族会社が利用する建物の敷地が個人名義になっている場合に，その敷地が相続で移転した場合に減額を認める制度です。

家族で支配する同族会社に不動産を貸し付けていた被相続人に相続が発生し，その敷地を取得した親族が役員に就任した場合，その敷地に80％の減額を認めます（措法69の４③三）。

個人の家業が法人成りし，その法人が事業の用に供している個人名義の敷地に対し80％減額を可能にすることで，法人成りした家業を保護する特例と位置づけられます。

【図表3－7】同族会社の事業用の敷地を役員である親族が相続した場合

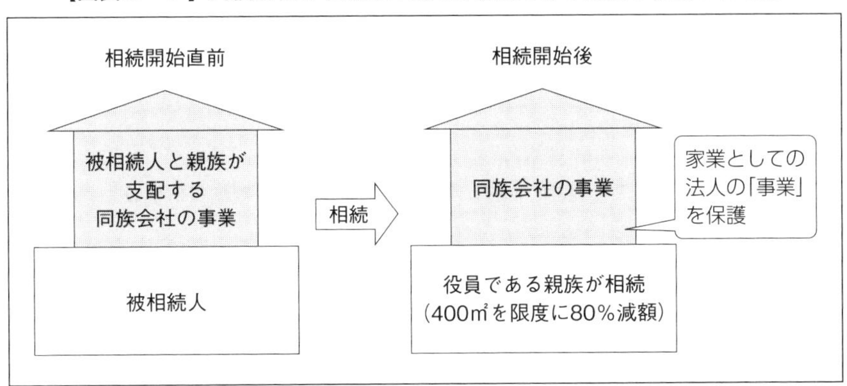


## 4　貸付事業用宅地等

被相続人や被相続人の生計一親族が営んでいた事業が貸付事業である場合には，貸付事業用宅地として，200㎡を限度に50％の減額となります（措法69の4③四）。

貸付事業用宅地等は，不動産賃貸業という不労所得を得るための資産を保有している者が適用できる制度であり，また，貸家建付地評価等による評価後に適用するため80％を減額すると優遇のしすぎになってしまいます。そのため限

【図表3－8】親族が貸付事業を承継した場合

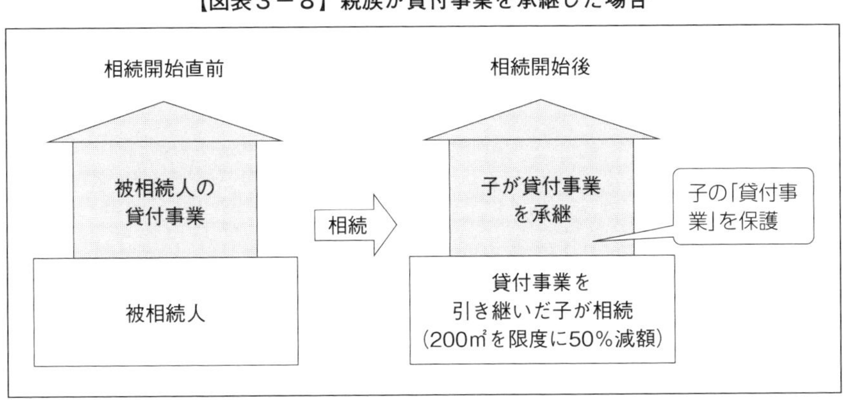

度面積と減額割合は小さくなっています。

特定事業用宅地等と同様，相続によって被相続人の貸付事業を承継する場合と，被相続人と生計を一にしていた親族が貸付事業を行っていた場合があります。

**【図表３－９】生計一親族が貸付事業用の敷地を相続した場合**

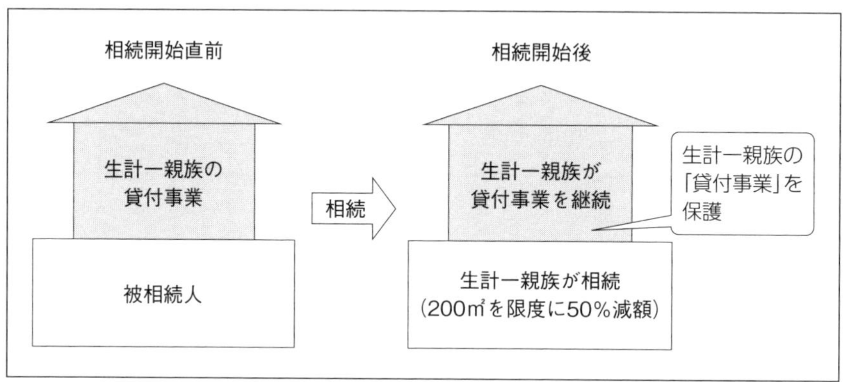


## 5　郵便局舎の敷地となっている宅地等の特例

従前の国営事業用宅地等の特例が租税特別措置法で廃止され，平成19年10月１日以後の相続からは，郵政民営化法の中に相続税の特例として規定されています（郵政民営化法180）。郵政民営化前から特定郵便局の敷地として賃貸されていた宅地等を引き続き契約を変更せずに賃貸する場合に，一代限りで80％減額を認める措置となりました。

郵政民営化法の施行日（平成19年10月１日）前までに郵便局の用に供するため日本郵政公社に貸し付けられた建物の敷地で，相続開始後５年以上，引き続き郵便局株式会社が郵便局舎を借り受けることで郵便局舎の敷地の用に供されることが総務大臣によって証明される場合に限り，特定事業用宅地等に該当するとみなされ，小規模宅地特例が受けられます。したがって，民営化後の新たな賃貸借契約については80％評価減の対象にはなりません。

## Q4 対象となるのはなぜ相続人ではなく親族なのか

小規模宅地特例は，相続や遺贈で宅地を取得した親族が適用できます。本来，債務控除や未成年者控除など，相続人でない者が相続や遺贈で財産を取得する場合，相続税が相続人に比べ重くなる規定が多いと思います。なぜ，「相続人」に限定せず，「親族」にまで対象が拡大されているのでしょうか。

**A** 宅地を居住の用に供していたのが相続人でなくても，被相続人と同居していたり，同一生計の親族であったような場合，遺贈で取得することは常識に照らしてもおかしくはありません。小規模宅地特例は適用対象者を親族としているのが特徴です。

法令・通達　措法69の４，相法12①五，18，19の３，20

### 解説

#### 1　小規模宅地特例の対象は「親族」

相続税の申告においては，相続人以外の者が財産を取得した場合，偶発的に財産を取得することや，世代飛ばしによる節税を防止する趣旨から，相続人に比べ税負担が異なる規定が多く設けられています。

たとえば，相続人でない者が特定遺贈で財産を取得した場合は，債務控除（相法13）が認められませんし，相続人でない者が被相続人の死亡により生命保険金を受け取った場合は500万円の非課税枠がありません（相法12①五）。未成年者控除（相法19の３）や障害者控除（相法19の４）も相続人でない者には適用できませんし，相次相続控除（相法20）の適用もありません。また，１親等の血族や配偶者以外の者が相続または遺贈によって財産を取得した場合には，２割加算（相法18）の適用があります。したがって，孫が養子になって財産を相続した場合，孫が代襲相続人でない限りは，２割加算が適用されます。１世代を飛ばすことによる相続税の節税を防止するためです。

しかし，小規模宅地特例は要件さえ満たせば，相続人でない者でも適用できることになっています。小規模宅地特例は，被相続人が残した「事業」と「居住」を保護することが立法趣旨であることを考えると，相続人に限定してもよいようにも思えます。「特定事業用宅地等」「特定同族会社事業用宅地等」「特定居住用宅地等」「貸付事業用宅地等」のいずれも，取得者が被相続人の親族であればよく，相続人に限定していません。そのため，仮に相続人でない幼い孫に住宅を遺贈したような場合でも，特定居住用宅地等の要件（措法69の4③二）さえ満たせば適用することができます。

### 2　同居していた親族や生計を一にしていた親族は相続人でなくても保護

なぜ，小規模宅地特例に限っては，相続人でない者であってもその適用が認められるのでしょうか。

それは，次のような場合を想定しているからです。たとえば，母がその所有する自宅に息子夫婦と同居していたが，不幸にも息子が先に亡くなってしまったとします。こういった場合には，息子が亡くなった後もなお未亡人となった息子の元妻は高齢の義母と同居し，介護することはよくある話です。自宅は別居する相続人にではなく，自分を介護までしてくれた亡き息子の妻に遺贈しても何らおかしくありません。相続人である子供たちも反対はしないでしょう。

遺贈によって自宅を取得した息子の元妻は相続人ではないですが，同居していた元妻の「居住」は税制として保護するに値するというわけです。別の事例として，祖母名義の居宅に居住していた者が相続人でない孫だとしても，祖母の仕送りで生活していたのであれば，やはり祖母の相続の際は，孫に小規模宅地特例（生計一親族の特例）が認められますが，制度趣旨には反しないでしょう。

### 3　親族でない者が宅地等を取得した場合

親族以外の者が遺贈により取得した宅地等には小規模宅地特例の適用はありません（措法69の4③）。

なお，平成22年度改正までは，特定事業用宅地等や特定居住用宅地等に該当しない場合であっても，被相続人の生前の事業用・居住用の宅地であれば，200㎡までの面積につき50%の減額が認められていました。これには相続後の要件がなかったのです。個人であれば誰が取得しても200㎡までの面積につき，50%の減額が可能でした。

【平成22年度改正までの事業用宅地】
① 特定事業用宅地等に該当する宅地（措法69の4③一）
② 特定同族会社事業用宅地等に該当する宅地（措法69の4③三）
③ 被相続人等の事業用宅地のうち①と②以外の宅地

【平成22年度改正までの居住用宅地】
④ 特定居住用宅地等に該当する宅地（措法69の4③二）
⑤ 被相続人等の居住用宅地のうち④以外の宅地

仮に友人や愛人が遺贈で被相続人の居住用宅地や事業用宅地を取得しても減額が可能だったのです。そして貸付事業用の宅地も③の区分に含まれていました。平成22年度改正において③と⑤を廃止した上で，「貸付事業用宅地等の特例」の区分が創設され，貸付事業用地であっても親族による貸付事業の承継や申告期限までの所有が要求されるようになりました。この改正で，親族でない者には小規模宅地特例の適用の余地はなくなりました。

土地の地価は，長期的には上昇を続けるという右肩上がりの時代には，相続税の負担を配慮する趣旨から，親族でない者についても小規模宅地特例の適用を認めてきましたが，優遇を認めすぎていた範囲を厳格化する改正に舵を切ったのが平成22年度改正です。

## Q5 事業用宅地と居住用宅地の範囲

小規模宅地特例は，被相続人がどのように利用していた土地が対象になるのですか。

**A** 被相続人や，被相続人の同一生計親族が，事業または居住の用に供していた宅地や雑種地が対象です。

法令・通達　措法69の４①，措令40の２①④⑦，措規23の２①③，措通69の４－13

### 解説

**1　被相続人の事業用宅地・居住用宅地とは**

小規模宅地特例の立法趣旨は，被相続人が残した事業用宅地および居住用宅地を取得した親族が事業や居住を継続する場合に，税負担軽減を通じてその事業や住まいを保護することです。相続開始直前において被相続人等の事業用・居住用宅地だったか（相続前），取得した親族は要件を満たすか（相続時），申告期限までの居住用継続等の要件を満たすか（相続後）をそれぞれ３つの時点で確認する必要があります。

さらに適用可能な宅地のうち限度面積の範囲内での選択と，適用可能な親族による同意が必要となります。同意が必要とされるのは，小規模宅地特例に関してすべての納税義務者が同一内容の申告とする必要があるからです。

【図表５－１】時系列による小規模宅地特例の要件

| | 相続開始日 | | 申告期限 | |
|---|---|---|---|---|
| 被相続人の事業用宅地・居住用宅地に該当するか | × | 宅地を取得した親族は，要件を満たすか | × | 申告期限までの事業・居住の継続・宅地の保有継続 |

### (1) 被相続人等の事業用宅地・居住用宅地に該当するか

まずは宅地等が事業用あるいは居住用であったかどうかが重要です。宅地だけでなく，駐車場のような雑種地も対象になります。建物・構築物の敷地であることが要件となっており事業としての資本投下が要求されています。このことが問題になるのは駐車場においてアスファルトや駐車場としての設備があったかどうかです。構築物と認定できなければ事業用宅地には該当しません。

### (2) 宅地を取得した親族は要件を満たすか

次に，(1)の宅地等を取得した親族が事業や居住を継続する必要があるのですが，誰が取得したかも要件となります。仮に被相続人と同居していた親族がいる場合には，その同居親族か，配偶者が取得した場合でなければ80％減額を受けることはできません。また，被相続人の生計一親族が被相続人の宅地を事業または居住の用に供していた場合も小規模宅地特例の対象になりますが，この場合もその生計一親族が宅地を取得しない限り小規模宅地特例の適用はありません。

### (3) 申告期限までの事業・居住の継続・宅地の保有継続

さらに相続後，申告期限までの事業や居住の継続や保有継続要件を満たすことで小規模宅地等として減額が認められるということになります。

以下では，(1)について検討します。

## 2　宅地等の範囲

小規模宅地特例の対象となるのは，被相続人が相続開始直前に事業または居住の用に供していた「土地および土地の上に存する権利」です。民法改正で創設された配偶者居住権の設定に伴う敷地利用権も土地の上に存する権利ですので小規模宅地特例の対象になります。宅地に限らず，駐車場のような雑種地も対象になり，条文では「宅地等」と表現されています。

個別通達において創設された当時は宅地のみが対象でしたが，昭和58年に法令による措置となった際に，駐車場などの敷地にも適用可能としたことから雑種地が含まれることになり，「宅地等」に変更されています。

### 3　被相続人の事業の範囲

事業には，小売業や製造業，サービス業などの事業だけでなく，アパート事業などの貸付事業も含まれます。

また，貸付事業には，不動産貸付業だけでなく駐車場業や自転車駐車場業も含まれます。不動産貸付業は，いわゆる５棟10室基準の事業的規模でない不動産貸付業も対象になります（措令40の２①，措通69の４－13），事業的規模でない不動産貸付業や，事業と称するに至らない駐車場業等であっても相当の対価を得て継続的に行われているものは「準事業」として貸付事業の範囲に含まれます。

1　一般的な事業（貸付事業を除く）……特定事業用宅地等
2　貸付事業（不動産貸付業，駐車場業等，準事業）……貸付事業用宅地等

### 4　被相続人の居住といえるか

被相続人の居住用の宅地に該当するためには，居住用建物の建築期間中だけの仮住まいの建物や，他に生活拠点がありながら小規模宅地特例の適用のためだけに一時的に入居した建物，趣味・娯楽・保養のための建物については，被相続人が居住していたことが事実としても，被相続人等の生活拠点としての建物とはいえません。

被相続人が入院したまま亡くなった場合は入院期間の長短を問わず，相続開始直前において被相続人の居住の用に供されていた宅地に該当します（国税庁HP質疑応答事例「入院により空家となっていた建物の敷地についての小規模宅地等の特例」）。また，老人ホーム入居のため空き家になっている場合は特例があり，要件を満たす場合は相続直前まで居住していたものと扱います。

## 5　建物または構築物の敷地であること

小規模宅地特例は，建物または構築物の敷地であることが要件になっています。たとえば，駐車場として利用されている土地は，小規模宅地特例の対象となりますが，建物や構築物の敷地であることが要件です。したがって，青空駐車場の場合は，アスファルトやフェンスなど，構築物の敷地となっている場合に限り，被相続人等が行っていた事業に含まれることになります。

耕作地や採草放牧地などの農地は，建物または構築物の敷地であるという要件を満たさず，小規模宅地特例の対象からは除外されます。仮に，建物や構築物の敷地であったとしても，次の建物や構築物のように，耕作地や採草放牧地としての土地の利用を前提としている場合は，小規模宅地特例の対象とはならないことが規定されています（措規23の２①）。農地には相続税の納税猶予制度があるため，小規模宅地特例の対象とすることには馴染まないからです。

◆１　温室その他の建物で，その敷地が耕作の用に供されるもの
◆２　暗渠その他の構築物で，その敷地が耕作の用又は耕作若しくは養畜のための採草若しくは家畜の放牧の用に供されるもの

建物や構築物は，被相続人等の所有であったかどうかは問いません。所有者が被相続人である場合だけでなく，被相続人の親族である場合でも，被相続人の事業用または居住用の宅地等に該当します。したがって，建物の所有者が誰であるか，さらに地代や家賃が有償であるか無償であるかによって，適用できる制度の種類が決まることになります。

たとえば，被相続人の土地の上に生計一親族が建物を建てて居住の用に供している場合，その親族が土地を相続すれば，特定居住用宅地等に該当し，330㎡について80％減額の対象になります（措法69の４③二ハ）。しかし，被相続人が生計一親族から地代を収受していた場合は，貸付用の土地だったということになり，特定居住用宅地等には該当しません。

貸付事業用の宅地については，建物の名義は賃借人等の第三者であってもかまいません。

## 6　棚卸資産に該当しないこと

小規模宅地特例は，残された親族の生活基盤となる宅地等が前提ですから，棚卸資産に該当しない宅地等に限られます（措令40の２④，措規23の２③）。したがって，販売用の不動産や一時的に居住したり賃貸しているような場合は，小規模宅地特例の適用はありません。

**スタッフへのアドバイス**

**親族以外の第三者名義の建物でも適用できる場合**

建物・構築物の敷地であることが小規模宅地特例の要件ですが，建物等が被相続人等の名義でなく第三者名義のものであっても適用できます。

たとえば，被相続人が更地を賃貸し，駐車場業者がアスファルトや駐車場設備を設置するような場合です。被相続人は構築物の所有者ではありませんが，土地は貸付事業用宅地等に該当します（措通69の４－４⑴）。

また，土地を貸し付けて，借主が建物を建築し不動産賃貸業を営んでいても，底地は措置法69条の４の「建物又は構築物の敷地の用に供されている」宅地等であるという要件を満たします。特定同族会社事業用宅地等の特例の場合も，建物はその同族会社の名義であってもかまいません。

これに対し，特定事業用宅地等や特定居住用宅地等に該当するためには，建物所有者が被相続人あるいは親族名義であることが要求されます。これらの制度は，建物を利用するのが被相続人や生計一親族であるため，被相続人本人や親族以外の第三者名義の建物は想定されません。

## Q6　建物が被相続人名義ではない場合

特定事業用宅地等や特定居住用宅地等の特例は，建物名義が被相続人でない場合でも小規模宅地特例は適用できますか。

**A**　建物名義が親族であれば適用できます。ただし賃料の授受がないことが要件です。

（法令・通達）　措通69の4－4，69の4－7

### 解説

**1　被相続人の事業用の宅地等に該当するもの**

事業用の宅地等とは，被相続人が建物を所有し事業を営んでいる場合だけでなく，親族名義の建物を事業用に使用している場合も認められます。ただし家賃は無償であることが前提となります（措通69の4－4(2)）。有償であれば貸地あるいは貸家に該当しますので，特定事業用宅地等には該当しません。その場合は貸付事業用宅地等の適用を検討することになります。

なぜ建物の所有者は被相続人名義でなくても小規模宅地特例が認められるのでしょうか。それは次のような理由によるものです。

宅地と建物の所有者が異なるのはよく見受けられることです。事業用の土地の名義が夫でも建物の名義は妻というのはよくあることです。さらに妻に相続が発生すると建物は子供が相続するかもしれません。子供は生計が別のこともあるでしょう。無償で貸借する限りは親族間の融通として，建物が親族名義であっても小規模宅地特例を認めているのです。もし有償だとそれは賃貸人と賃借人の第三者間の取引関係となってしまいます。その場合は貸付事業用宅地等の特例が準備されているのですから，あえて特定事業用宅地等の特例を認める必要はありません。

**【図表６－１】被相続人の事業用の宅地等**

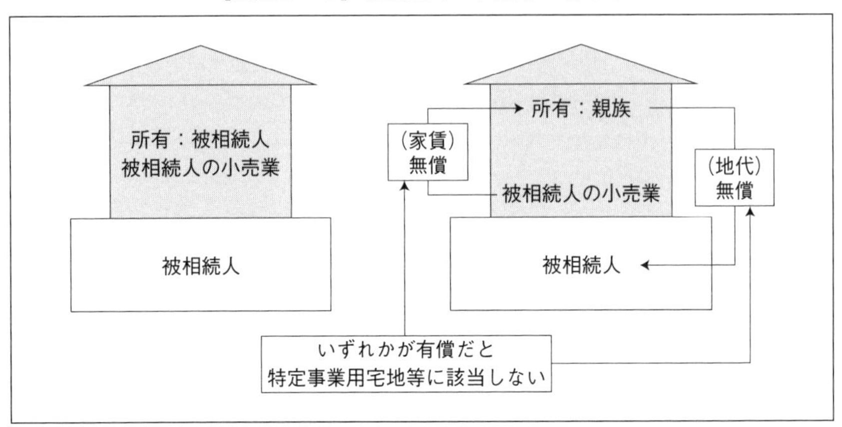


親族名義になっているのを認めるのは常識を考慮してのことですから，建物の所有者が被相続人の親族以外の者である場合にまで認める必要はありません。**図表６－２**のように建物が同族会社名義の場合は無償であっても，小規模宅地特例の適用はありません。

**【図表６－２】建物の所有が親族以外である場合**

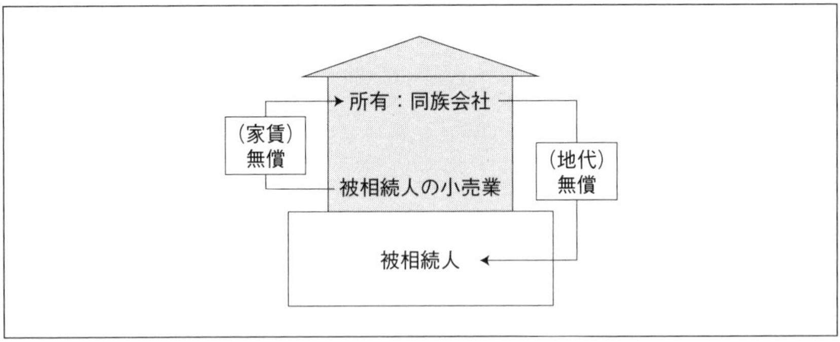

所有：同族会社
（家賃）
無償
被相続人の小売業
（地代）
無償
被相続人

## ２　生計一親族の事業用の宅地等に該当する場合

被相続人の生計一親族が事業に利用する宅地の場合も，建物名義は被相続人の親族である場合があります。やはり家賃，地代のやり取りはなく無償であることが必要です。

> 【設問】
> 父の土地に母名義の建物があり，父と同居する私がコンビニを経営している。

無償が要求されるのは，理屈としては１と同様に一般に見受けられる親族間の無償による使用を認めるものです。

**【図表６－３】生計一親族の事業用の宅地等**

所有：被相続人
（家賃）無償
生計一親族の小売業
被相続人

所有：生計一親族
生計一親族の小売業
（地代）無償
被相続人

所有：他の親族
（家賃）無償
生計一親族の小売業
（地代）無償
被相続人

## ３　被相続人の居住用の宅地等に該当する場合

考え方は，「１　被相続人の事業用の宅地等に該当するもの」の場合と同じです（措通69の４－７(1)）。

**【図表６－４】被相続人の居住用の宅地等**

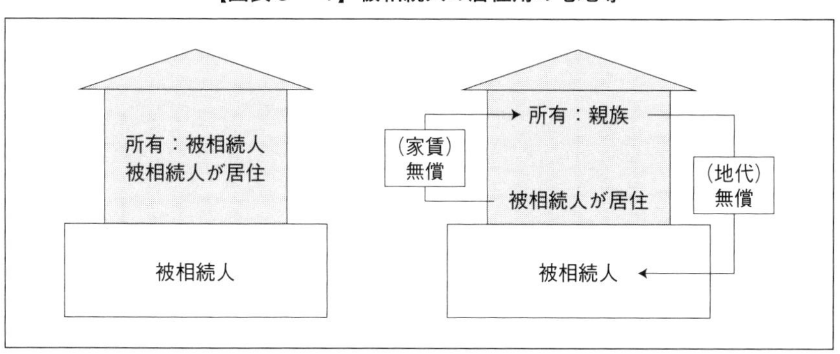

### 4　生計一親族の居住用の宅地等に該当する場合

考え方は，「2　生計一親族の事業用の宅地等に該当する場合」の場合と同じです。

【図表6－5】生計一親族の居住用の宅地等

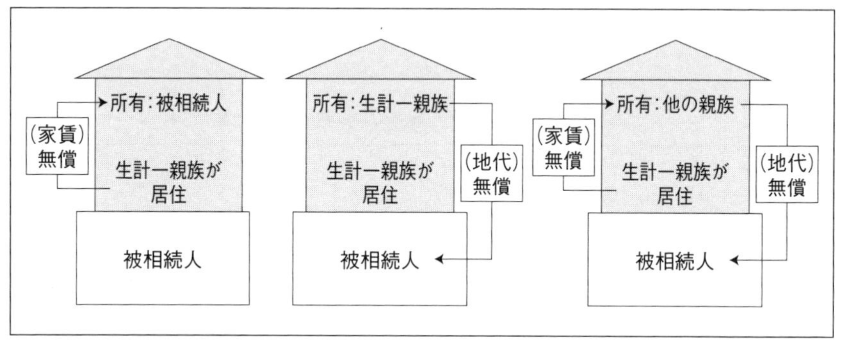


### 5　被相続人の貸付事業用の宅地等に該当する場合

貸付事業は，被相続人あるいは生計一親族がアパートなどの不動産貸付業を営む場合が該当します。また，被相続人等が貸付事業以外の事業を営んでいたり，居住の用に供していたとしても，土地所有者と建物所有者の間で賃料の授受があれば特定事業用宅地等や特定居住用宅地等とは認められず，貸付事業用宅地等の対象になります。

なお，貸付事業には駐車場業や自転車駐車場業が含まれます。宅地等が建物や構築物の敷地として利用されず，単に更地のまま物置場などに利用されている場合は，小規模宅地特例の対象にはなりません。

また，貸付先が被相続人が支配する同族会社の場合は，後継者が役員となって宅地を取得する場合には特定同族会社事業用宅地等に該当する場合があります。

### 6　生計一親族の貸付事業用の宅地等に該当する場合

生計一親族が被相続人から無償で不動産を賃借して貸付事業を営んでいる場

合は貸付事業用宅地等に該当します。そして，貸付事業以外の事業や居住用として建物を利用している場合でも，家賃や地代の授受があると，特定事業用宅地等や特定居住用宅地等に該当せず，貸付事業用宅地等に該当するのは，5と同様です。

**スタッフへのアドバイス**

**新型コロナと資産税**

新型コロナは今までにないタイプの経済不況をもたらしました。従来の不況は，金融不安から株式や不動産などの資産価値が下落して金融危機が生じ，それが消費の悪化をもたらし需要が不足するというものでしたが，今回の新型コロナ不況は活動自粛による需要消失から始まるという逆の現象によるものです。

従来型の不況は投資家や大企業への打撃が最初に生じましたが，今回は一般消費者，それも低所得者層をまず直撃するこれまでにない不況となりました。このことは，税理士の顧問先の業績や資金繰りの悪化が真っ先にもたらされることを意味します。

持続化給付金をはじめとする異例の給付措置を政府が講じたことからも，その深刻さがわかります。

資産を持つ人への影響は深刻なものとなる可能性が高いでしょう。となれば従来の資産税の考え方は根本から変える必要があるでしょう。コロナ禍の前に新築物件を購入して不動産賃貸業を始めた人は今後，危機的状況を迎えるかもしれません。不動産投資の動機が節税であったとしたら目も当てられません。節税分の利益など簡単に吹き飛びローンだけが残ってしまいます。

政府の円安政策が限界となりデフレが加速する可能性が高いことを考えると，必要なのは現金です。相続税を節約する，そのために相続を知恵やテクニックで提案するのは間違いでしょう。人生に必要な資産構成をアドバイスし，相続税の申告にあたっては立法趣旨に辿る税法の理解が必要です。基本に立ち返る必要があるでしょう。

## Q7 複数の宅地等を選択する場合の面積制限

複数の宅地等を選択する場合の限度面積はどのように計算するのですか。

**A** 制度によって併用が認められるものと面積調整が必要なものがあります。

法令・通達　措法69の4②，措令40の2⑤，措通69の4－10

### 解説

#### 1　各制度の限度面積

小規模宅地特例の対象となる各制度の限度面積は次のようになっています。特定事業用の宅地が400㎡と大きく，居住用は330㎡なので約100坪です。貸付事業用は200㎡と特定事業用の半分になっています。

【図表7－1】各制度の限度面積

| 区分 | 限度面積 | 減額割合 |
|---|---|---|
| 特定事業用宅地等<br>特定同族会社事業用宅地等 | 400㎡ | 80% |
| 特定居住用宅地等 | 330㎡ | 80% |
| 貸付事業用宅地等 | 200㎡ | 50% |

#### 2　限度面積内での選択

宅地等が複数ある場合，どの宅地等について特例を受けるのかを限度面積の範囲内で選択することになります。

適用対象となる宅地等が特定事業用宅地等のみである場合は，選択した面積の合計が400㎡以下となるように選択します。たとえばA地とB地があり，どちらも特定事業用宅地等である場合です。また，特定事業用宅地等と特定同族会社等はあわせて400㎡が限度面積となります。

複数の宅地等が特定居住用宅地等のみであるときは合計330㎡，または貸付事業用宅地等のみであるときは合計200㎡が，それぞれ限度面積となります。

【設問】
被相続人と同居していた長女は居住用宅地に同居親族の特例（措法69の４③二イ）を選択し，長男が居住していた居住用宅地には生計一親族の特例（措法69の４③二ハ）を適用したい。

長女と長男がそれぞれ取得する居住用宅地はいずれも特定居住用宅地等に該当しますのであわせて330㎡が限度面積です。たとえば，長女が200㎡を選択し，長男は130㎡を選択することも，それぞれの宅地に165㎡ずつ選択することも可能です。申告書には，特例の適用を受ける宅地の選択と面積を記載した明細書，選択についての同意書の添付が必要です（措令40の２⑤）。

## 3　面積調整

特定事業用宅地等と特定居住用宅地等は完全併用が可能です。したがって，この両制度を併用するにあたっては，最大で730㎡（＝400㎡＋330㎡）まで選択できることになります。

選択した宅地等に貸付事業用宅地等が混じる場合は調整計算が必要です。次のように計算します。貸付事業用宅地等以外の宅地等を換算した上で面積の合計が200㎡以下となるように選択します（措法69の４②三，措通69の４－10）。

$$\left(\text{特定事業用宅地等の面積} \times \frac{200}{400} + \text{特定居住用宅地等の面積} \times \frac{200}{330}\right) + \text{貸付事業用宅地等の面積} \leqq 200\text{㎡}$$

貸付事業用宅地を選択に組み込むと，特定事業用宅地等と特定居住用宅地等の完全併用ができなくなり，調整計算が必要になります。通常は特定事業用宅地等と特定居住用宅地等を優先的に選択することになるでしょう。

## 4　有利選択

複数の宅地を所有する場合，どの優先順位で選択するのかを有利判定する必要があります。

被相続人が特定事業用宅地等，特定居住用宅地等，貸付事業用宅地等の３つがある場合，特定事業用宅地等と特定居住用宅地等は併用できますのでこちらを優先することになります。これらの面積が小さく，調整計算をしても枠が余るような場合は貸付事業用宅地等を組み込むことになります。

たとえば特定事業用宅地等が120㎡で，特定居住用宅地等が165㎡であれば調整計算した面積は160㎡ですから，貸付事業用宅地等を40㎡だけ組み込むことができます。

$$\text{特定事業用宅地等 } 120㎡ \times \frac{200}{400} + \text{特定居住用宅地等 } 165㎡ \times \frac{200}{330} = 160㎡$$

適用可能な宅地に貸付事業用宅地等が混じり，調整計算が入ってくると相対的に不利になるため，貸付事業用宅地等を優先することはないでしょう。しかし仮に，地価の安い地方に自宅を持ち，銀座に４億円の賃貸用のタワーマンションを区分所有しているという場合であれば貸付事業用宅地等も無視できません。

こういった場合は，完全併用の場合と従来の有利選択の判定を両方やってみるということになります。

⑴　事業用と居住用の完全併用の場合の減額
⑵　貸付用にも適用し面積調整をする場合の減額
　①　事業用の１㎡当たりの単価×80％×２
　②　居住用の１㎡当たりの単価×80％×1.65
　③　貸付用の１㎡当たりの単価×50％×１
　④　上記の高い金額順に優先適用
⑶　⑴と⑵のどちらが大きいかで判定

## Q 8　小規模宅地特例における共有は羊羹型

宅地等を共有で取得した場合の小規模宅地特例の適用については，どのように理解すればよいのでしょうか。民法の共有の考え方と比較して教えてください。

**A**　小規模宅地特例においては，共有についての考え方は民法とは異なります。民法はミルフィーユ型，小規模宅地特例は羊羹型です。

### 解説

#### 1　民法はミルフィーユ

民法上の共有は，所有権が複数の共有者によって支配，利用されている状態のことです。たとえば，住宅の敷地に関して親子で２分の１の共有持分を有する場合を考えてみます。この場合，親と子は，各々が自宅敷地の半分だけを利用する権利があるわけではありません。親と子はそれぞれが土地全体を所有していることになります。

つまり，親は２分の１の共有持分を通じて土地全体を利用することができ，子もまた同様に土地全体を利用する権利があります。共有による各々の「所有権」は，土地全体に重なり合っていることになります。したがって，民法の共有関係はミルフィーユ型です。

#### 2　小規模宅地特例は羊羹

【設問】
父親に相続が発生したので，自宅の土地建物は妻と子が共有で取得した。

民法とは異なり，小規模宅地特例における共有の考え方は，羊羹型です。宅地が限度面積を超える場合にこの特徴が顕在化します。

たとえば，被相続人である夫の相続開始によって，妻と子が２分の１の共有で取得した自宅敷地660㎡について考えてみます。妻だけが小規模宅地特例を適用できるとします。子は自らの持ち家に別居しており，特定居住用宅地等の要件を満たさず，小規模宅地特例の適用はないものとします。

これを民法のミルフィーユ型で考えるとどうなるか検討してみましょう。

共有による利用権は，敷地660㎡全体に及びますから，そのうち，330㎡が特定居住用宅地等の対象になります。妻の持分は２分の１ですから330㎡の２分の１である165㎡が80％減額の対象となる，これがミルフィーユ型の発想です。

【図表８－１】民法（ミルフィーユ）の考え方だと……

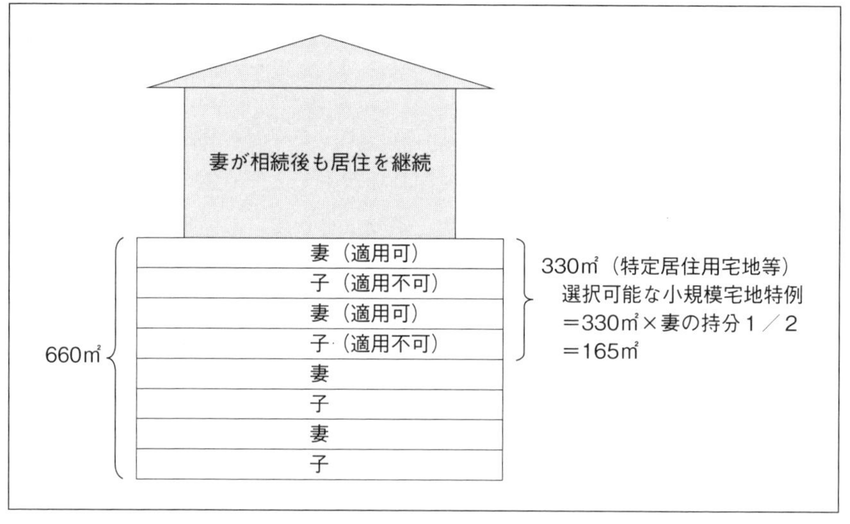


しかし，実際の小規模宅地特例は違います。

この事例であれば，妻は持分に対して330㎡を限度に小規模宅地特例を選択することができます。したがって，妻は，持分全体の330㎡に対して80％減額が認められます。

小規模宅地特例における共有はこのように羊羹型を採用しています。

【図表8－2】小規模宅地特例における共有は羊羹型

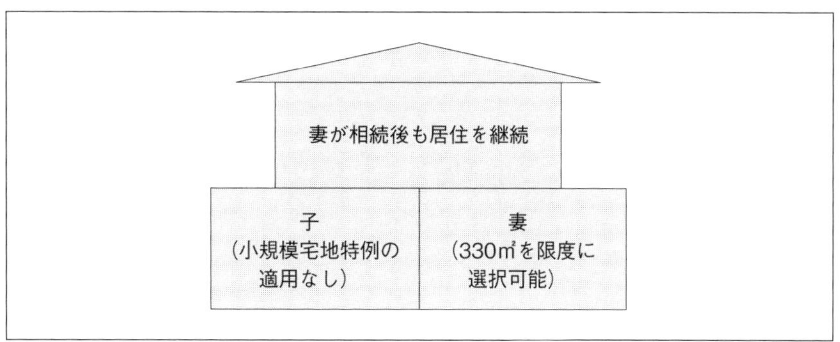


### 3　平成22年度改正前の共有の考え方

宅地等を共同相続した場合は取得した者ごとに適用要件を判定しますが，平成22年度改正前は現行よりも納税者に有利な仕組みになっていました。特定居住用宅地等と特定事業用宅地等を相続によって共有で取得した場合，そのうち１名でも要件を満たしていれば，事業を承継しないなど要件を満たさない親族が取得した部分も80％減額をすることが認められていました。

たとえば，特定事業用宅地等を兄弟で共同相続し，事業を引き継いだ長男が特定事業用宅地等の要件を満たす場合，特定事業用宅地等の要件を満たさない次男の持分に対しても特定事業用宅地等としての80％減額が可能だったわけです。小規模宅地特例における共有の考えからは羊羹型ですから，次男だけが80％の減額を選択することもできました。このような優遇を認める取扱いは平成22年度改正で廃止されました。

### 4　二世帯住宅やビルなどの共有の考え方

被相続人が所有していたビルの敷地を共同相続したような場合において，小規模宅地特例が適用できる親族と適用できない親族がいる場合などの減額計算をしっかりと理解しておく必要があります。

【設問】
利用区分が図表８－３のようになっている建物および敷地を子と妻が２分の１ずつの共有で取得した。敷地は600㎡ある。

二世帯住宅やビルの敷地を共同相続した場合の考え方を理解しておきましょう。１棟の建物について複数の利用区分がある場合は，利用区分に対応する部分ごとに小規模宅地特例を適用することになりますが，敷地を共有で取得した場合は次のように考えるとよいでしょう。

**【図表８－３】建物の利用区分が異なる宅地を共有している場合**

|  |  |
|---|---|
| 3F | 配偶者の居住用（居住用宅地等に該当） |
| 2F | 貸家業（貸付事業用宅地等に該当） |
| 1F | 子が小売業を承継（事業用宅地等に該当） |

利用区分ごとに適用する小規模宅地特例を区分

|  | 子の持分 | 配偶者の持分 |
|---|---|---|
| 3F | 小規模宅地特例の適用なし | 特定居住用宅地等として小規模宅地特例の選択が可能 |
| 2F | 貸付事業用宅地等として小規模宅地特例の選択が可能 | 貸付事業用宅地等として小規模宅地特例の選択が可能 |
| 1F | 特定事業用宅地等として小規模宅地特例の選択が可能 | 小規模宅地特例の適用なし |

共有は羊羹型

この事例では3階が配偶者について特定居住用宅地等に該当し，2階は貸付事業用宅地等に該当，1階は子の特定事業用宅地等に該当するものとします。なお，特定事業用宅地等や特定居住用宅地等の特例に関しては，建物は，妻と子のいずれが取得してもかまいませんし，妻と子以外の親族の所有であっても小規模宅地特例の適用には影響ありません。これに対し，2階の貸家業は，建物所有者に法定果実が帰属しますので，誰が所有者であるかで貸付事業用宅地等の区分が決まります。この事例では貸付事業を妻と子が承継しているため，いずれも貸付事業用宅地等の特例が適用できます。

敷地が600㎡，1階から3階まではそれぞれ同じ床面積とすると，たとえば3階の特定居住用宅地等に該当する部分の面積は以下のようになります。他の利用区分も同様に考えることができます。

$$600㎡ \times 3分の1（3階の居住部分の面積）\times \frac{1}{2}（配偶者の持分）= 100㎡$$

なお，2階は妻と子がいずれも貸付事業用宅地等の特例を適用できますので，宅地全体の評価額のうち3分の1（2階部分）について，貸家建付地評価を行った上で50%の減額が可能です。

| |
|---|
| ①　全体の評価額×3分の1（2階の貸付部分の面積）×（1－借地権割合×借家権割合）=2階部分の評価額（貸家建付地評価）<br>②　小規模宅地特例の減額=①の評価額×50% |

## 5　建物が共有の場合

小規模宅地特例の適用はあくまで相続直前と相続後の利用状況で決まります。

建物が共有の場合でもその考え方は変わりません。たとえば建物が夫と妻の共有になっており，敷地が夫名義である場合に，妻が土地建物を相続で取得する場合です。

【図表８－４】建物が共有の場合の考え方

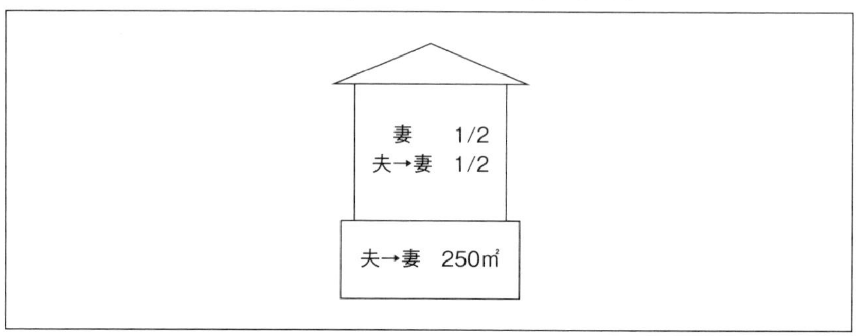


共有であっても建物を使用する権利は建物全体に及びますから，宅地全体が夫の居住用宅地です。したがって，妻が特定居住用宅地等の特例を適用する場合，250㎡全体が80％減額の対象になります（国税庁HP質疑応答事例「共有家屋（貸家）の敷地の用に供されていた宅地等についての小規模宅地等の特例の選択」）。

## Q9 建物の建築中に相続が開始した場合等

建物の建替え中に相続が開始した場合や，申告期限において建替え中だった場合には小規模宅地特例は適用できないのでしょうか。

**A** 建築中の建物については，実態に配慮した取扱いが措置法通達で手当てされています。

法令・通達　措通69の4－4(2)，69の4－5，69の4－8，69の4－19

### 解説

#### 1　事業用建物の建替え中に相続があった場合

措置法通達では建替えのような一時的な中断については事業が継続していたものと扱うことを認めています（措通69の4－5）。たとえば，小売業を営んでいた被相続人が，店舗用の建物を建て替えている途中で相続が発生してしまった場合や，建替え後，事業を再開する前に相続が発生した場合です。

厳密には相続時においては事業の用に供していないことになりますが，事業の準備状況などで，建物の完成後はすみやかに事業の用に供することが確実であったことが認められることが要件です。たとえば，建築中に事業再開後の宣伝を行っていたような場合が該当します。また，被相続人と生計を一にしていた親族がその建物を相続税の申告期限までに事業の用に供しているときや，土地や建物を相続した親族が申告期限までに事業の用に供しているときは，被相続人の事業が相続時まで継続していたものと認められます。この取扱いは，被相続人所有の建物に限らず，被相続人の親族所有の建物（措通69の4－4(2)）を建て替えている途中の相続も含まれます。

ただし，事業が継続しているものとみるためには，従来から営んでいた事業用の建物を建て替える場合や，移転のために取り壊し，または譲渡し，新たな建物を建築中に相続があった場合に限ります。したがって，サラリーマンであった被相続人が，新規開業のために建物を建築している途中に相続があったような場合は，被相続人が事業の用に供していた建物には該当せず，小規模宅地特例の適用はありません。仮に相続人が事業を始めたとしても被相続人の事業を承継したとはいえないからです。

建て替えた建物を事業の用に供した場合でも，建替え後の建物の一部を別の用途に供した場合は，建物の敷地のうち，事業の用に供された部分に対応する敷地のみが事業用の宅地等として小規模宅地特例の対象となります（措通69の4－5（注））。

## 2　生計を一にする親族の事業用建物の建替え

被相続人と生計を一にする親族が特定事業用宅地等の特例を適用する場合，つまり，生計一親族が被相続人所有の宅地を事業の用に供していた場合で，建物の建替え中に相続が開始したときも，1と取扱いは同じです。

相続開始時においては事業の用に供していないことになりますが，その生計を一にする親族が事業を再開させると，その生計を一にする親族が事業を継続していたものと認められ，特定事業用宅地等の対象になります。

## 3　申告期限までに事業用建物を建て替えた場合

相続で建物を取得した親族が，被相続人の事業を承継したものの，建替え工事に着手し，相続税の申告期限までに建物が完成していないことも考えられます。相続税の申告期限において事業の用に供していないことになりますが，宅地等を取得した親族が建替え後に事業を再開していれば，その宅地等は申告期限までの事業継続要件を満たすものとして事業用の宅地等に該当します。

ただし，たとえば小売業を承継した相続人が，建物建築後に事業を再開したものの，一部を貸家にしてしまったような場合は，建替え後の小売業部分のみが小規模宅地特例の対象となります。逆に，1階を小売業，2階を貸家としていた建物を，申告期限までに建替えに着手し，建替え後はすべて小売業にしたような場合であっても，1階部分のみが特定事業用宅地等としての80％減額の対象になります。いずれも，建替え前の利用状況ではなく，建替え後の利用に応じて小規模宅地特例を適用することになります。

この取扱いは，特定同族会社事業用宅地等，貸付事業用宅地等の場合においても同様です（措通69の4－19（注））。

## 4　居住用の建物を建築中の場合

居住用建物の建築中に相続が開始した場合や，被相続人と生計を一にする親族の居住用建物の建築中に被相続人に相続が開始した場合，さらにこれらの建築した建物に，被相続人が居住する前に相続が開始した場合も，**1**～**3**と同様の取扱いが認められます（措通69の4－8）。

たとえば，居住用建物を建替え中に相続が開始し，建替え前から被相続人と同居していた親族が，建替え後の宅地等を取得した場合，同居親族による特定居住用宅地等（措法69の4③二イ）としての小規模宅地特例を受けることができます。また，一人暮らしの被相続人の居住用建物の建替え中に相続が開始し，建築後の建物や敷地を取得した親族は，家なき子特例（措法69の4③二ロ）が適用できます。

居住用の建物の場合は，建替えだけでなく，借家住まいだった被相続人が建物を新築中に相続が開始した場合も含まれます。事業用の建物であれば，従来から事業の用に供している建物の建替え，あるいは，移転のための建築しか認められず，新規開業のための建築中の建物に適用がないのとは異なるところです。居住はすべての者に必須の生活基盤だからです。

なお，居住用の建物Ａに居住しながら，別の土地に建物Ｂを建築中である場合，建物Ｂはこの取扱いの対象にはなりません。建物Ａの敷地のみが特定居住用宅地等の対象になります。

また，土地は購入したものの，建物については建築に取りかかっておらず，建築請負契約を締結しただけというような段階で相続が開始した場合には適用がありません。あくまで建築中であることが要件です。

## 5　申告期限までに居住用建物を建て替えた場合

居住用の宅地を相続により取得した親族が，その宅地の上の建物の建替えを開始し，相続税の申告期限までに完成していない場合も，**3**と同様にその親族が居住の用に供していたと認められます。

たとえば，被相続人である父と同居していた子が，建物と敷地を相続し，申告期限までの間に建替え工事に着手した場合，その子が完成後，居住の用に供した場合には，申告期限において工事中であったとしても，申告期限までの継続居住要件を満たすものと取り扱います（措通69の4－19（注））。

## Q10 要件を満たさない親族への優遇を廃止した平成22年度改正

平成22年度改正の概要を教えてください。各改正点は，最近の改正の流れの中でどのように位置づけることができますか。

**A** 平成22年度改正が行われる前の小規模宅地特例には，要件を満たさない親族が優遇される項目がありました。また貸付事業用宅地等の区分が創設されました。優遇の行きすぎを是正したのが平成22年度改正です。

### 解説

#### 1 平成22年度改正の位置づけ

バブル経済の崩壊後は，小規模宅地特例につき，要件の緩和・制度の拡充・限度面積の拡大など納税者有利の取扱いを認める改正が続きました。これらの改正は平成25年度改正へとつながる意味を持ちます。

平成25年度改正では大きな改正が行われます。特定居住用宅地等の限度面積を330㎡に拡大する改正が行われ，特定事業用宅地等と特定居住用宅地等の併用を認め，また，内部で行き来できない二世帯住宅，有料老人ホーム入所後の空き家についても特定居住用宅地等の範囲に含める改正が行われることになります。高齢化社会を迎え，制度の趣旨に適う特例には，より優遇を拡大することになるわけですから，逆に要件を満たさない親族にまで減額を認める優遇措置は廃止しておく必要があったと位置づけられます。

【平成22年度改正項目】
① 申告期限まで事業または居住を継続しない場合を除外
② 貸付事業用宅地等の区分を創設
③ 宅地等を共同相続した場合には取得した者ごとに適用要件を判定
④ 1棟の建物の敷地に特定居住用宅地等が含まれる場合の優遇措置の廃止
⑤ 特定居住用宅地等については1つに限ることを明確化

## 2　申告期限まで事業または居住を継続しない場合を除外

相続人が相続税の申告期限まで事業または居住を継続しない宅地等が小規模宅地特例の適用対象から除外されることになりました。改正前は，被相続人が事業用または居住用として利用していれば，仮に申告期限までに売却しても，あるいは，親族以外の者が遺贈で取得しても200㎡までの50％減額は認められていました。

【設問】
1　被相続人の事業用宅地を相続により取得したが事業を承継しなかった。
2　被相続人の居住用宅地を相続により取得したが居住しなかった。
3　被相続人の事業（居住）用宅地を相続により取得したが申告期限までに売却した。
……いずれも200㎡を限度に50％の減額が可能だった。

**【図表10－1】申告期限まで事業または居住を継続しない場合を除外**

| | | 【改正前】（限度面積） | （減額割合） | 【改正後】 |
|---|---|---|---|---|
| 事業用 | 継続せず | 200㎡ | 50％減額 | 廃止（減額なし） |
| 貸付事業用 | 継続せず | 200㎡ | 50％減額 | 廃止（減額なし） |
| 居住用 | 継続せず | 200㎡ | 50％減額 | 廃止（減額なし） |

この改正によって，特定事業用宅地等や特定居住用宅地等の要件を満たさないような場合でも200㎡までの面積につき50％減額は可能という取扱いがなくなりました。貸付事業もこの取扱いの範疇だったため新たに規定が必要になり，「貸付事業用宅地等」という区分が創設され（措法69の4③四），貸付事業の承継・継続と保有継続要件が課されました。

## 3　宅地等を共同相続した場合には，取得した者ごとに適用要件を判定

改正前は，特定居住用宅地等または特定事業用宅地等を相続によって共有で取得した場合は，そのうち1名でも要件を満たしていれば，限度面積までの宅

地全体が80％減額をすることが認められていました。

【設問】
亡き父親の居宅敷地は長男と次男が２分の１ずつの共有で相続した。なお，次男は父親と同居だったため小規模宅地特例の要件を満たしているが，別居の長男は要件を満たしていない。
……長男も小規模宅地特例の減額を選択することが可能だった。

極端な事例として，父の事業を承継し，特定事業用宅地等の要件を満たす長男が１％だけ相続し，要件を満たさない妹が99％を共同相続すれば，妹は共有取得した部分についても80％の減額を受けることが可能でした。小規模宅地特例を適用するためにこのような分割手法を採用する事例もありましたが，改正後は長男の１％部分の敷地にしか減額できないことになりました。

### 4　１棟の建物の敷地に特定居住用宅地等が含まれる場合の優遇措置の廃止

１棟の建物の敷地の用に供されていた宅地等のうちに特定居住用宅地等とそれ以外の部分がある場合には，利用区分ごとに按分して減額割合を計算すると改正されました。

改正前は**図表10－２**のような事例では全体が特定居住用宅地等として80％減額の対象となっていました。

### 5　特定居住用宅地等は１つに限ることを明確化

特定居住用宅地等については，主として居住の用に供されていた一の宅地等に限られることが明確化されました。実務では１カ所に限るとの運用が行われていましたが，条文では明記されていませんでした。福岡高裁平成21年２月４日判決の２カ所の居住用宅地等を認めるとの解釈を受けての改正です。

被相続人について２カ所，あるいは，１人の生計一親族について２カ所の特定居住用宅地等の適用は認められないという改正ですので，たとえば，被相続人と同居していた長男が取得した住宅用地Ａと，生計一親族の次男が居住して

【図表10－２】１棟の建物の敷地についての特定居住用宅地等の適用

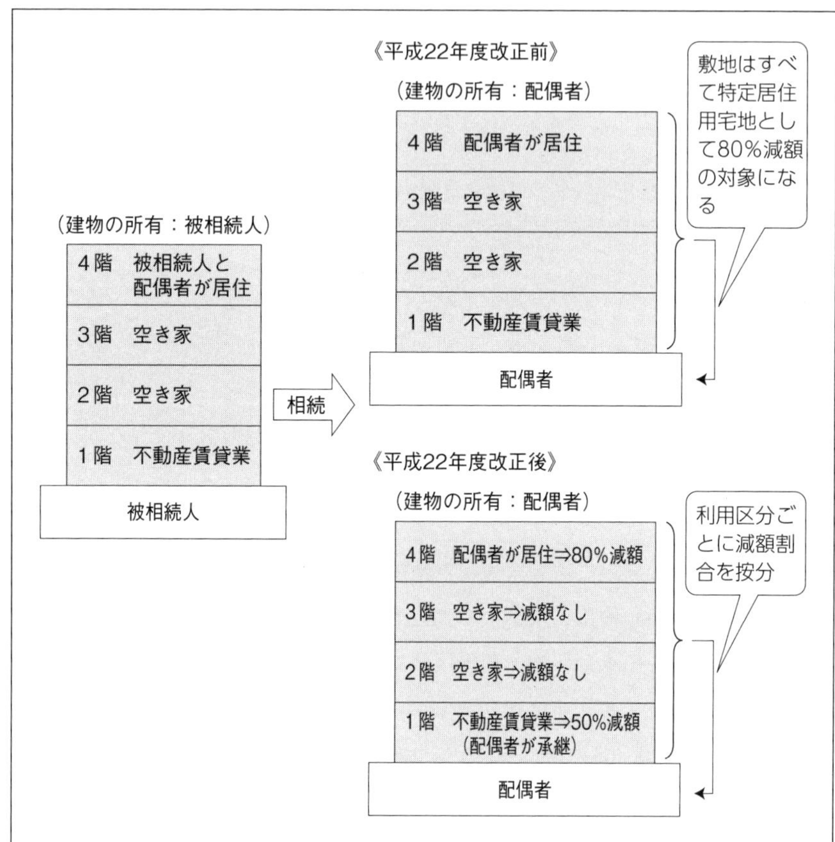


いた住宅用地Ｂの両方に特定居住用宅地等を適用することは可能です。

## Q11 高齢化社会に対応するための平成25年度改正

**平成25年度改正の概要を教えてください。各改正は現在の取扱いにどのように繋がっているでしょうか。**

**A** 平成25年度税制改正では，特定居住用宅地等について適用面積の拡充や，特定事業用宅地等との完全併用が認められました。また，被相続人が老人ホームに入居し自宅が空き家になっていた場合や，二世帯住宅についての取扱いが法令で明確化されました。高齢化時代の多様な居住のあり方に対応する改正です。

### 解説

#### 1　特定居住用宅地の適用面積拡充

平成25年度改正では，特定居住用宅地等の特例の限度面積がそれまでの240㎡から330㎡まで拡充されました。平成27年1月1日以後の相続，遺贈による取得について適用されています。

小規模宅地の特例は，配偶者や同居していた親族，被相続人の送金で生活していた親族の相続後の「住まい」を保護する趣旨で設けられていることを考えると，100坪（330㎡）もの自宅敷地に80％減額を認めるのは，もはや小規模とはいえず優遇のしすぎではないかとも思えてきます。

この改正の趣旨は地価対策です。都心の資産家が賃貸マンション住まいであれば，100坪の自宅敷地の購入に充てれば宅地全体が減額できてしまうわけです。仮に借家住まいの人物が，時価1億円，100坪の土地を取得すれば相続評価で8,000万円，小規模宅地特例適用後は1,600万円になり，実に8,000万円以上の資産圧縮が可能となります。これほどの安全かつ確実な節税対策はないでしょう。広い面積に減額を認めるのは，土地の取得を促すための地価政策のための優遇だと考えられます。

## 2　特定事業用宅地等と特定居住用宅地等の完全併用

現行の限度面積と面積調整の仕組みになったのがこの年の改正です。特定事業用宅地等（特定同族会社事業用宅地等を含む）と，特定居住用宅地を選択する場合は，それぞれの適用対象面積まで完全併用が可能です。したがって，最大で730㎡（＝400㎡＋330㎡）について，80％の減額が可能になりました。平成27年１月１日以後の相続，遺贈による取得について適用されています。なお，特定事業用宅地等と特定同族会社事業用宅地等はあわせて400㎡となり，それに加えて特定居住用宅地等の330㎡が認められます。

ただし，貸付事業用宅地等を選択する場合には，面積の調整計算を行うことになります。具体的には次の計算による面積が200㎡以下となるように選択することになります（措法69の４②三）。この場合，貸付事業用宅地等を優先すると通常は不利になるため，特定事業用宅地等や特定居住用宅地等を優先し，余りの枠がある場合に貸付事業用宅地等を選択することになります。

【貸付事業用宅地がある場合の調整計算】

$$\left(\text{特定事業用宅地の面積}\times\frac{200}{400}+\text{特定居住用宅地の面積}\times\frac{200}{330}\right)+\text{貸付事業用宅地の面積}\leqq 200\text{㎡}$$

## 3　被相続人が老人ホームに入所していた場合の空き家の取扱い

老人ホームへの入所で空き家になっていた自宅に対する小規模宅地特例の取扱いについては，改正前においても，国税庁のホームページで，平成25年度改正以前から一応の基準が示されていました（国税庁HP質疑応答事例「老人ホームへの入所により空家となっていた建物の敷地についての小規模宅地等の特例」）。国税庁質疑応答で示されているのは，介護を受ける必要があったこと，自宅の維持管理が行われていたこと，終身利用権を取得していないことですが，実務でハードルになったのが，終身利用権を取得すると引越し扱いとなり元の自宅は被相続人が居住の用に供していたとは認めないという点でした。子と同居していた親に介護の必要性が生じたため有料老人ホームに入所すると，小規模宅地特例が使えるか否かが不明確で，税務調査があるまで安心できない不安があり，法令での明確化が望まれていました。

平成25年度改正では，老人ホームへの入所で空き家になった自宅について，被相続人が居住の用に供していたものとして扱うための要件が変更され，要介護認定または要支援認定，障害支援区分の認定を受けていたことが要件となりました。終身利用権取得の有無が廃止されたわけです。改正後は，サービス付き高齢者向け住宅への入居も含まれるなどかなり広範囲に認められることになりました。

この改正は，平成26年１月１日以降の相続または遺贈により取得する宅地等について適用されています。

## 4　二世帯住宅の明確化

### (1)　二世帯住宅に住む親族は全員同居に

家の中に内ドアがなく内部で行き来できない，いわゆる完全分離型の二世帯住宅については，仮に１階に被相続人が住み，２階に息子夫婦が住む場合に，宅地を息子が相続しても同居していたとは取り扱わず，小規模宅地特例は適用できないのが平成25年度改正以前の取扱いの原則でした。平成25年度改正によって，被相続人と親族が各独立部分に居住していた場合には，全員が同居しているものと扱うことになります。

家の中に内ドアがある場合は改正前後を問わず１つの建物と考えます。これに対し入り口が別の分離型の場合が問題でした。被相続人の居住部分のみが小規模宅地特例の対象となり，同居親族か家なき子特例が使える者でない限り小規模宅地特例の適用はありませんでした。**図表11－１**の事例では，敷地を取得した長男は小規模宅地特例を適用できませんでした。ただし，平成25年度改正前においても，小規模宅地特例を認める通達（旧措通69の４－21（被相続人の居住用家屋に居住していた者の範囲））が存在しました。同通達のなお書において，被相続人に配偶者がおらず，１階で同居する親族がいない場合に限っ

【図表11－1】完全分離型の二世帯住宅

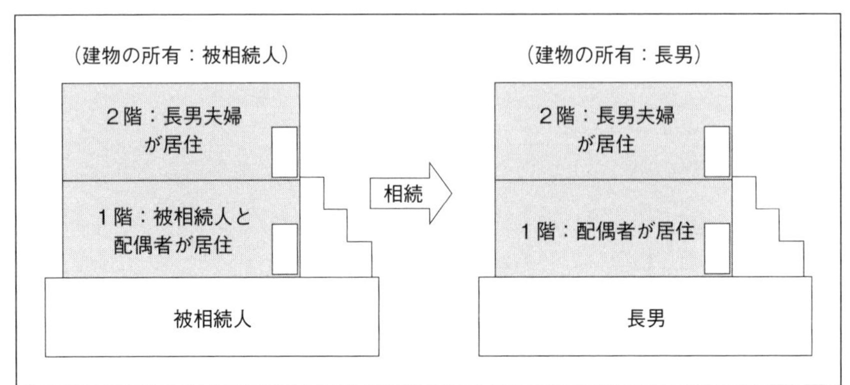


て，２階に住む長男が相続すれば，敷地全体を被相続人の居住用として申告することが認められていました。仮に配偶者がいれば特定居住用宅地等は無条件で認められますし，同居親族がいれば，同居特例を受けることができるため，これらの者がいない場合に限って，特定居住用宅地等の特例を認めていたものです。

内ドアがあるかどうかで課税関係が変わってしまうのは不合理です。内部で行き来できなくても食事は一緒にするなど実態は同居といえる場合が多いからです。そこで改正後は１棟の建物に，被相続人とその親族が居住していた場合には，全員が同居していたものと扱われます（措令40の２④）。したがって，そこに居住している親族が取得すれば，敷地全体に同居特例が使えることになりました。内ドアがある場合と同じ扱いとなったのです。

### ⑵　区分所有登記があると別居になる

しかし，この改正後も，建物を区分所有登記している場合に実務の課題が生じます。二世帯住宅が区分所有登記されていれば，それぞれが別の建物と扱われます。要するに分譲マンションと同じです。たとえば，101号室に被相続人が住み，隣の102号室に子供が住んでいる場合は別の建物と扱いますので各々の部屋ごとに小規模宅地特例を判定します。区分所有登記された二世帯住宅も同じです。１階と２階は別の建物であり被相続人と親族は別居扱いになります。

**【図表11－２】区分所有登記を基準にする考え方を採用**

| 区分登記の有無 | 建物の形態 | 小規模宅地特例の取扱い |
|---|---|---|
| なし | 完全分離型の二世帯住宅 | １つの家屋とみなす |
| あり | 分譲マンションの101号室と102号室<br>完全分離型の二世帯住宅の独立した各区分 | 各独立区分を各々別の建物と扱う |

### (3) 区分登記の有無を採用したのは分譲マンションのため

区分所有登記が行われている二世帯住宅はなぜ別棟になるのか。それは二世帯住宅の改正をそのまま認めると分譲マンションの101号室と102号室が１つの建物になってしまうからです。そこで，１つの家屋なのか別棟なのかのメルクマールを区分所有登記としたがゆえに，区分登記された二世帯住宅も分譲マンションと同じ扱いにせざるを得なくなりました。二世帯住宅は区分登記があっても優遇する取扱いも考えられますが，そのためには二世帯住宅を条文で定義する必要があります。しかしそれは技術的に難しいのでしょう。

逆に区分登記が行われていない場合，被相続人が所有するビルや賃貸用マンションの数室に被相続人と親族が居住していれば，被相続人と親族の居住部分はすべて同居特例の対象になります。

この改正は，平成26年１月１日以降の相続または遺贈により取得する宅地等について適用されています。

## Q12 タワーマンション節税を防止した平成30年度改正

平成30年度改正では相続開始前３年以内に貸付事業を開始すると貸付事業用宅地等に該当しないとする改正が行われましたが，なぜこのような改正が行われたのですか。

**A** 相続直前にタワーマンション等を取得することによる相続税の節税を防止するためです。

法令・通達 措法69の４③四，措令40の２⑨⑳，措令40の２㉑，措通69の４－24の３，措通69の４－24の４，所基通26－９，27－２

### 解説

#### 1 貸付事業用宅地等に３年縛りを導入

##### (1) 改正の内容

近年，いわゆるタワーマンションを取得する相続税の節税策が流行しています。相続評価額が実勢価格よりも低いことを利用し，被相続人の現金をタワーマンションに入れ替えると，上層階ほど相続評価額と実勢価格の開差が大きくなり，個人の財産は相当圧縮されます。実勢価格の２割から３割まで評価額が圧縮される物件も珍しくありません。

このような節税について小規模宅地特例を規制する改正として，相続開始３年以内に新たに貸付事業を開始した宅地は50％減額が認められないことになりました。３年縛りの規制導入です。

ただし救済措置があり，被相続人や生計一親族が相続開始の３年より昔から事業的規模で貸付事業（特定貸付事業）を営んでいた場合は３年縛りは適用されません。

改正は平成30年４月１日以後の相続または遺贈から適用されていますが（改正法附則118①），経過措置によって，令和３年３月31日までの相続については，平成30年３月31日以前に貸付事業を開始していれば旧法が適用され３年縛りは適用されないため注意してください。

> 【設問】
> タワーマンションの1室を保有している。さらにこれを他人に貸して貸付事業用宅地の50%減額を適用できるようにしよう。

> 【設問】
> 未利用地にアパートを建て一括借上方式でサブリース業者に貸している。

貸付事業を開始してから3年以内に相続があれば，いずれの敷地も貸付事業用宅地等に該当しません。賃貸物件に住むなど，特定居住用宅地の特例が使えないような被相続人でしたら，節税目的で賃貸物件を取得する動機があります。区分所有建物の1室を購入して賃貸すれば敷地権に貸付事業用宅地の50%減が可能となります。これに3年縛りを導入したわけです。

「相続開始前3年以内に新たに貸付事業の用に供された宅地等」が3年縛りの対象です。他用途から貸付事業に転用された場合や未利用の土地建物につき貸付事業を開始した場合が該当します（措通69の4－24の3）。具体的には居住用（事業用）の建物を貸付事業用に転用した場合や更地にアパートを新築して貸付事業を開始した場合です。すでに賃借人がいる収益物件を第三者から購入したような場合も該当します。

### (2) 救済措置

> 【設問】
> 父は昔から事業的規模でマンション経営を行ってきた。父に相続が発生したが，亡くなる2年前にマンションを追加購入し賃貸している。

2年前に新たな貸付事業を開始していますが，相続開始前3年超の期間，引き続き事業的規模で貸付事業（特定貸付事業）を営んでいるため，両方の物件が貸付事業用宅地等に該当します。

家業として不動産賃貸業を営んでいる家族が追加で不動産を購入してもそれは経営目的であって節税目的とはいえないからです。また，貸付事業用宅地は200㎡しか適用できないので，従来から事業的規模の貸付事業用宅地を所有していれば，新物件を購入しても節税効果がほとんどなくこれを規制する必要がありません。

### (3) 事例で理解する

【設問】
被相続人は亡くなる10年前から事業的規模の不動産貸付業を営んでいたが，亡くなる２年前にこれを売却し，新たな貸付物件を購入した。

【設問】
被相続人は亡くなる10年前から事業的規模の不動産貸付業を営んでいた。亡くなる２年前に新たな貸付物件を購入した。その後一部の貸付事業を廃止し，相続時においては事業的規模に該当しなくなっていた。

この場合はいずれも新たな貸付物件は貸付事業用宅地等に該当しません。３年縛りが解除されるのは，相続開始前３年超について引き続き事業的規模の貸付を行っている場合です。

前者の事例では昔から保有している事業的規模の物件を売却しているため事業的規模の貸付が切断しています。そのため新たな物件には50％減額が適用できません。

後者の事例も事業的規模の貸付を継続していないため新物件は貸付事業用宅地に該当しません。旧物件のみが50％減額の対象になります。

つまり，相続開始３年超の昔から相続時まで事業的規模を継続しなければならない理由は，相続開始直前に，小規模宅地特例を有利にする目的で敷地の単価が高い物件に買い替えたり，一部貸付事業を廃止したために（事業的規模でなくなり）減額できる面積が減ったところ，追加の購入で小規模宅地特例を適用するといった行為に対し貸付事業用宅地等の特例を禁止しているわけです。

### (4)　事業的規模の貸付とは

事業的規模の貸付については，条文では「特定貸付事業」と表現されており，準事業以外の貸付事業とされ，不動産貸付業についてはいわゆる５棟10室基準で判定します。駐車場または自転車駐車場は，自己の責任において他人の物を保管するものである場合において事業所得となるものは特定貸付事業に該当し，雑所得となる準事業は特定貸付事業には該当しません（措通69の４－24の４，所基通26－９，27－２）。

実は昔にも事業的規模の貸付が，小規模宅地特例の要件となっていた時期があります。事業的規模の要件は昭和63年度改正で導入されました。しかし，平成の当初には，税務署と相続人のトラブルが多く見受けられるようになりました。たとえば平成元年の相続につき，亡父の５階建てビル経営につき，精神的肉体的労力を費やしていること，貸付規模は３室だが年間賃料は1,400万円あることなどから，５棟10室に至らない不動産貸付が直ちに事業にあたらないとはいえないと判示した事例などが登場しました（５棟10室訴訟（平成７年６月30日東京地裁））。納税者が勝訴する事例がいくつも登場し，事業的規模の判定基準は平成６年度税制改正で廃止され，代わって建物または構築物の敷地であることが要件となりました。

今後は，３年縛りを解除する措置としての事業的規模の認定をめぐってトラブルが生じるかもしれません。

### (5)　平成31年度改正では相続による取得の除外を明確化

【設問】
父親が収益物件を購入し，貸付事業を開始して１年後に父に相続が開始した。収益物件は母親が相続したが，さらにその１年後に母にも相続が開始した。父親・母親とも１年しか不動産貸付業を行っていない。収益物件は息子が相続したが，１次相続，２次相続とも３年縛りが適用されるのだろうか。

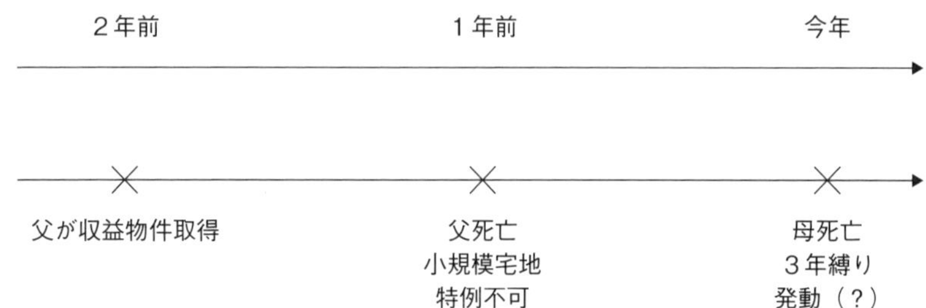


１次相続については３年縛りがあり貸付事業用宅地には該当しませんが，２次相続については条文から明確ではなく改正当初は疑問がありました。母親はたしかに１年しか貸付事業を行っていませんが，相続による取得にまで３年縛りを要求するのかが明らかではありませんでした。

平成31年度改正で相続による取得については３年縛りが適用されないことが明確になりました（措令40の２⑨⑳）。また，この事例のように父親が貸付事業を開始したのが母の相続開始の２年前というような場合でも２次相続では３年縛りは適用されません。父親が，母親の相続（２次相続）を意識して節税策を実行するとは想定できないからです。

### ⑹　相続による事業的規模の貸付期間の通算

【設問】
母は，貸付物件を新規取得して１年後に亡くなった。なお，これとは別に，２年前の父の相続で承継した事業的規模の貸付物件（特定貸付事業）がある。父は亡くなる４年前からこの物件を所有していた。新規取得の物件は貸付事業用宅地の対象になるのだろうか。

相続物件は⑸で確認したとおり貸付事業用宅地等に該当します。相続で取得した物件に３年縛りは発動しません。

次に新規物件です。母親が相続物件の貸付事業を行っていたのは２年間だけですが，父の時代と通算できますので（措令40の２㉑），母親は相続開始前３

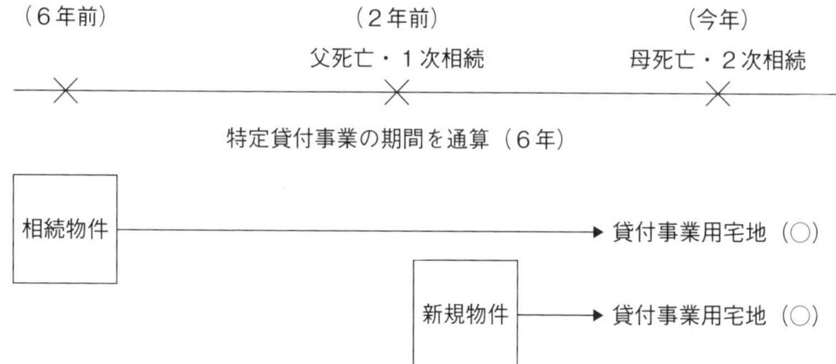


年超について引き続き事業的規模の貸付事業を営んでいたことになります。したがって新規物件にも3年縛りの規制はありません。事業的規模の貸付事業の期間は，相続があった場合通算できます。すでに50％減額が可能な事業的規模の相続物件がある以上，新規物件の取得は節税目的といえないからです。

### (7)　3年縛りで節税防止はできない

平成29年ごろにタワーマンション節税防止のための改正が話題になりましたが，結局改正されたのは，固定資産税の負担が上層階で高くなり下層階は低くする多少の調整が行われたのみです。

その後は相続評価の改正に関する話題は出てこなくなりました。敷地権についての50％減額はそもそも金額が小さくそれほどの節税効果はありません。相続評価と実勢価格の違いによる圧縮効果の方こそがタワマン節税の目的です。

ではなぜ相続評価額を実勢価格に近づける，あるいは取得価額による申告を強制する改正をしないのでしょうか。税法条文でタワーマンション高層階の区分所有物件を定義することが難しいという技術的な問題もあると思いますが，デフレ脱却を目指す政府にとって地価の下落は避けたいところです。節税効果をなくすことで資産家がタワーマンションを取得しなくなることで不動産市況を冷やしたくないのが本音でしょう。皮肉なことに今後はコロナ禍による深刻な不動産不況が確実な状況ですから，節税防止どころではなくなってしまいました。

## 2　平成30年度改正で形式的な家なき子を規制

家なき子特例は節税に使われやすかったことから平成30年度改正において次の趣旨の改正がありました。

> 次に掲げる者は，家なき子特例における家なき子に該当しないものとする。
> イ　相続開始前３年以内に，その者の３親等内の親族又はその者と特別の関係のある法人が所有する国内にある家屋に居住したことがある者
> ロ　相続開始時において居住の用に供していた家屋を過去に所有していたことがある者

イは，典型的には未成年の孫です。祖父母が孫に遺贈して家なき子特例を適用する節税行為を防止するものです。孫は家を所有していないとしても自分が住む家がありますから，家なき子と呼ぶのは適切ではありません。特別の関係のある法人とは，被相続人と親族で過半数を支配する同族会社や被相続人と親族で理事を固める一般社団法人などが該当します。

ロは，イで防ぎきれない場合を防止するものです。たとえば持ち家を友人に形式的に売却して引き続き住み続けるといった節税を防止します。

なお，この改正は平成30年４月以後の相続・遺贈から適用されますが，令和２年３月31日までの間の相続・遺贈に経過措置が設けられています。

> 【設問】
> 私は平成29年に，孫に自宅を相続させる遺言を作成している。平成30年３月31日の時点で私に配偶者はおらず，孫は自分名義の家は所有していなかった。

平成30年３月31日において相続があったものと仮定した場合に旧家なき子特例の要件を満たせば，家なき子特例が適用できるとする経過措置です。相続開始時点においても旧法の要件を満たせば，家なき子特例が受けられることになります。

もちろん令和２年３月31日までに相続があるとは限りません。節税のためだけの行為を是正するため，遺言書の書き換え等を実施する猶予が設けられていることになります。

## Q13 事業用宅地にも３年縛りを導入した令和元年度改正

令和元年度改正では特定事業用宅地等にも３年縛りの規制が導入されました。改正の趣旨を説明してください。

**A** 相続直前に負担の軽い投資で事業を開始し，その敷地に80％減額を行う節税行為の防止を目的としています。

法令・通達　措法69の４③一，措令40の２⑥

### 解説

#### 1　特定事業用宅地に３年縛りの導入

##### (1)　相続開始前３年以内に事業開始した宅地は減額の対象外に

平成30年度改正で貸付事業用宅地等の特例に３年縛りが導入されましたが，翌年に特定事業用宅地等の特例においても同様の規制が行われました。被相続人や生計一親族が，相続開始前３年以内に新たに事業の用に供した宅地等は特定事業用宅地に該当しないことになりました。

相続前のタワマン節税と同様に，相続直前に駆け込みで特定事業用宅地の特例を利用することを防止するための改正です。

【設問】
高齢の父は近く相続が予想される。父名義の未利用の土地があるので息子の自分が相続税対策として新たに事業を開始して特定事業用宅地の80％減額が使えるようにしよう。父と私は同居しているので生計一親族の特例が使える。

【設問】
高齢の父は近く相続が予想される。父が５億円を借り入れて土地を取得し，生計を一にする私が事業を始めよう。

被相続人が事業を開始することも想定されますが，現実的には同居する子供

（同一生計親族）が被相続人名義の宅地で事業を開始することが現実的でしょう。とくに相続直前に借入で宅地を取得すると，小規模宅地特例による80％減額と借入金の債務控除が適用できますから，多額の借入をするほど相続税の節税効果が見込めます。改正後は事業開始後３年以内に相続があれば事例の宅地は特定事業用宅地等に該当しないことになります。

### (2) 救済措置

特定事業用宅等の３年縛りについても救済措置があります。事業用の建物や構築物，減価償却資産で事業供用しているものの評価額が宅地の評価額の15％以上である場合です。

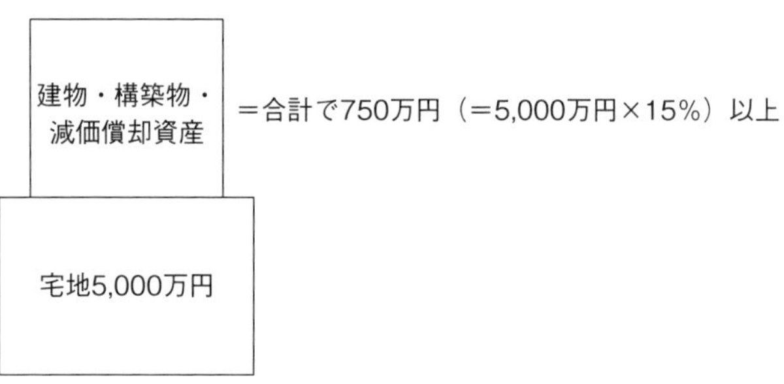


> 【設問】
> 父の相続が近い。父所有の遊休土地があるので，父と生計を一にする息子が事業を開始して特定事業用宅地等の減額を利用できるようにしよう。建物は古く評価額は数十万円しかない。

このように建物の評価額が低い場合には特定事業用宅地等に該当しないということが考えられます。

### (3) 改正の趣旨

ほとんどの事例では15％以上の建物・減価償却資産があるほうが多いと考えられますので，この救済措置のハードルは低いといえます。改正によって特定事業用宅地等の特例が使えなくなるのは次のような事例です。

【設問】
父親が借入で土地を取得し，同居の息子がトランクルーム貸出業を始める。特定事業用宅地の減額ができ，借入金は債務控除ができる。

３年縛りに抵触するのはこの事例のように建物や設備への投資が低額ですむような事業を相続税の節税目的で開始することです。このような節税を防止するのがこの改正の趣旨です。

### (4) 貸付事業用宅地等の規制との違い

貸付事業用宅地等の特例では，被相続人等が３年を超えて事業的規模の貸付事業を相続まで継続していれば救済されました。これに対し，特定事業用宅地等の特例では宅地の上に15%以上の固定資産があることが救済の要件です。

【設問１】
父親は昔から事業的規模でマンションの賃貸業を営んでいた。新たに賃貸物件を購入してから２年後に相続が開始した。

【設問２】
父親はコンビニエンスストアを経営している。このたび不動産を購入し，２店目を新たに開店したが２年後に相続が開始した。

設問１は，相続開始前３年超について事業的規模の事業を営んでいるため新たな物件は貸付事業用宅地等の特例が適用できます。

設問２は，店舗（建物）があるため通常は15%基準はクリアできます。２店目の敷地は特定事業用宅地等に該当することになります。

経営目的の追加購入についてはいずれも３年縛りには抵触しないことになります。違いが出るのは以下のような買換えの場合です。

【設問３】
父親は昔から事業的規模でマンションの賃貸業を営んでいた。このマンションを譲渡してから，新たに賃貸物件を購入した。その２年後に相続が開始した。

【設問４】
父親はコンビニエンスストアを経営している。この土地建物を譲渡し，別の場所で新たに不動産を購入してコンビニエンスストアを開店したが２年後に相続が開始した。

いずれも宅地を買い換えた事例ですが，設問３では，事業的規模の貸付事業が相続まで継続しておらずいったん事業的規模が途切れています。そのため救済の要件を満たさず，新たな賃貸物件は貸付事業用宅地等に該当しません。

これに対し，設問２は，通常15％基準をクリアしますから，新店舗の敷地は特定事業用宅地等に該当します。

比較的買換えのしやすい賃貸物件においては，より単価の高い物件に買い替えて50％減額を有利にする行為が規制対象になるのに対し，特定事業用宅地等についてはこれを規制することはなく，あくまで低額投資で事業を開始する場合に80％減額を禁止するのが目的です。

【設問５】
父親は昔から事業的規模でマンションの賃貸業を営んでいた。隣の土地を入居者の駐車場として買い増ししたところ２年後に相続が開始した。

【設問６】
父親はコンビニエンスストアを経営している。隣の土地を駐車場として買い増ししたところ２年後に相続が開始した。

設問５は，相続開始前３年超について事業的規模の事業を営んでいるため追加購入した駐車場用地は貸付事業用宅地等に該当します。

これに対し，設問6の事例のように事業用の宅地を追加で購入した場合，その宅地上には建物や減価償却資産はありませんので特定事業用宅地等に該当しません。改正による規制が発動してしまうことになり，注意が必要です。

### (5)　相続で取得した場合

> 【設問】
> 父は，祖父の事業を相続したが，その後2年で父も亡くなった。事業は父の子が承継したが，特定事業用宅地の特例は適用できるだろうか。

父親は事業を開始して2年で亡くなっています。しかしこの場合3年縛りは適用されません。相続遺贈による取得は新たな事業供用には該当しないこととされています（措令40の2⑨）。この取扱いは貸付事業用宅地等の場合と同様です。2次相続の発生時期を予定して節税を行うことは想定されないからです。

## 2　個人版事業承継税制との関係

個人版事業承継税制では，400㎡までの事業用宅地は納税猶予の対象になりますので，対象となる宅地は小規模宅地特例と同じです。

令和元年度税制改正では，贈与または遺贈いずれかの手法を問わず被相続人から事業承継を受け，個人版事業承継税制を受けた親族がいる場合は，特定事業用宅地等の小規模宅地特例が選択できないことになりました。

> 【設問】
> 父親に相続が開始し，コンビニ用の土地建物を相続した長男が事業を引き継いだ。これとは別に，生前に次男がコンビニ用の土地建物の贈与を受けて個人版事業承継税制の適用を受けている。

この事例ではすでに次男が生前贈与による個人版事業承継税制を選択しています。次男だけでなく別の相続人についても特定事業用宅地等の特例は選択できません。個人版事業承継税制と特定事業用宅地等は完全な選択制となっています。

特定同族会社事業用宅地等と個人版事業承継税制はあわせて400㎡まで適用できます。仮に，別途，同族会社に貸し付けている宅地があれば，特定同族会社事業用宅地等の適用の余地があります。

貸付事業用宅地等を適用する場合は以下の算式による面積調整をした上で適用できます。

① $\left(\text{特定事業用の選択面積} \times \frac{200\text{㎡}}{400\text{㎡}} + \text{特定居住用の選択面積} \times \frac{200\text{㎡}}{330\text{㎡}} + \text{貸付事業用の選択面積}\right) \times 2$

② 個人版事業承継税制が選択できる面積＝400㎡－①で計算した面積

特定居住用宅地等については完全併用になっているため，個人版事業承継税制を選択していても，別途330㎡を限度に小規模宅地特例が受けられます。

| 適用した小規模宅地特例 | | 個人版事業承継税制が使える面積 |
|---|---|---|
| 特定事業用宅地等を適用 | → | 適用不可（小宅とは選択制） |
| 特定同族会社事業用宅地等を適用 | → | 400㎡－特定同族会社宅地 |
| 貸付事業用宅地等を適用 | → | 面積調整の上，残面積に適用可 |
| 特定居住用宅地等 | → | 400㎡（併用可能） |

## 3　配偶者居住権に小規模宅地特例の適用が認められることに

配偶者居住権は建物に対する権利ですが，敷地の利用には制限が生じますので，相続税法では敷地利用権として評価し相続税の対象になります（措通69の4－1の2）。敷地利用権は土地の上に存する権利ですので小規模宅地特例が適用できることになっています。

> 【設問】
> 長男の私は父親の相続にともない居住用の土地建物を相続したが，遺産分割協議で母親が配偶者居住権を設定した。

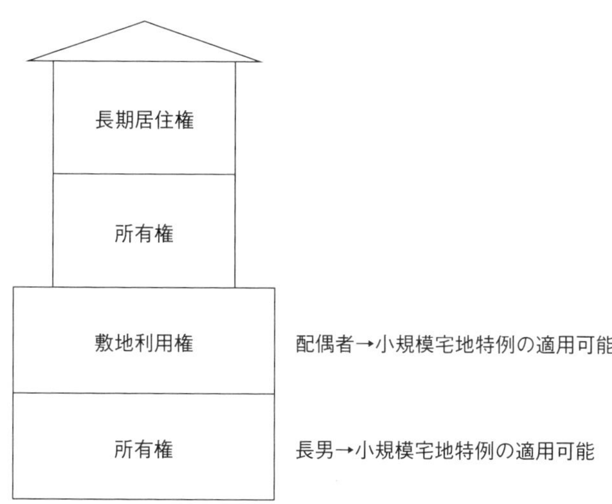


配偶者は被相続人の居住用宅地には無条件で小規模宅地特例が適用できますので，敷地利用権に対してもほとんどの場合に適用が可能です。長男（所有者）についても同居しているなどの要件を満たせば小規模宅地特例が適用できます。

配偶者と所有者は評価額で按分した面積につき，それぞれ小規模宅地特例が選択できる面積を計算します（措令40の２⑥)。

敷地利用権の選択可能面積＝宅地の面積×敷地利用権の評価額/宅地の評価額
所有権の選択可能面積＝宅地の面積×所有権の評価額/宅地の評価額

# 第2章
# 特定事業用宅地等

## Q14 特定事業用宅地等の立法趣旨

特定事業用宅地等は，どのような趣旨で設けられているのですか。

**A** 家業としての事業の承継を相続税の面から保護するのがこの特例の趣旨です。

法令・通達　措法69の4③一，相法27②，措通69の4－15

### 解説

#### 1　個人の事業承継を保護するのがこの特例の趣旨

小規模宅地特例の対象となる事業用の宅地には，①一般の事業用（特定事業用宅地等），②貸付事業用（貸付事業用宅地等），③同族会社への貸付事業用（特定同族会社事業用宅地等）の3つの区分があります。

特定事業用宅地等の特例における事業は，通常の事業全般を指します。貸付事業や駐車場業，自転車駐車場業，事業と称するに至らない準事業は貸付事業用宅地等に該当するため含まれません。

特定事業用宅地等……400㎡を限度に80％減額<br>
貸付事業用宅地等……200㎡を限度に50％減額<br>
特定同族会社事業用宅地等……400㎡を限度に80％減額

各々の制度はさらに2つに区分され，被相続人の事業と宅地を相続等によって同時に承継する場合と，被相続人名義の宅地で事業を営む同一生計の親族が，相続等によってその宅地を取得する場合とがあります。つまり，相続直前において被相続人名義の宅地で事業を営んでいるのは，被相続人の場合と，被相続人の同一生計親族の場合があることになります。そのため条文上，「被相続人等」と表現しています。

## 2　被相続人の事業を相続によって承継する場合

相続による家業としての事業承継を保護するのがこの規定の趣旨です。親の事業を子が相続によって承継する場合が典型です。

親族が相続開始時から相続税の申告期限までの間に宅地等の上で営まれていた被相続人の事業を引き継ぎ，申告期限まで引き続き宅地等を保有し，かつ，承継した事業を営んでいることが要件です（措法69の4③一イ）。

小規模宅地特例では事業を引き継ぐのは相続人に限りません。親族であれば誰でも特例の対象になります。たとえば，兄の死亡によって，相続人でない弟が事業を引き継ぎ，遺贈によってその事業用の宅地を取得した場合にはこの特例を受けることができます。

## 3　同一生計の後継者が生前に事業を承継する場合

父親が自らの宅地等の上で営んでいた事業を生前に息子が引き継ぎ，その後も親子は同居しているような場合や，同居の息子が父の不動産を無償で借りて事業を始めたような場合は，いずれも父親の宅地で事業が営まれ，その事業によって父親の生計が支えられているわけですので，**2**と区別する必要はありません。

そこで，被相続人と生計を一にしていた親族が，相続開始時から相続税の申告期限まで引き続き宅地等を有し，かつ，相続開始前から申告期限まで引き続き宅地等を事業の用に供している場合には，80％の減額が認められます（措法69の4③一ロ）。

生計を別にする子が父の事業を生前に承継しているような場合は，特定事業用宅地等には該当しません。子が営む事業は被相続人の生計とは無関係なわけですから，**２**と同一視することはできません。

**【図表14－１】生計別親族が生前に事業承継している場合**

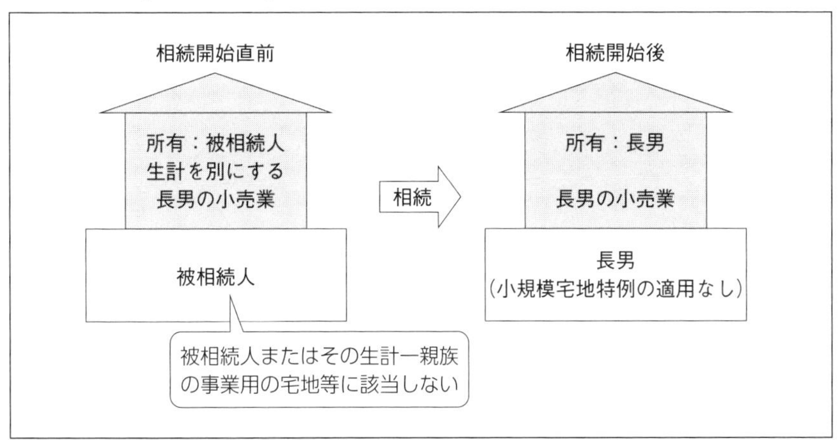


特定事業用宅地等は，実家で親と同居する長男が家業を承継するという時代に登場した制度です。父の死によって事業を承継することもあれば，生前に事業を承継することもあります。後者の場合に準備されているのが生計一親族の特例です。

## ４　継続保有要件と事業継続要件

選択した宅地が特定事業用宅地等に該当するためには，事業継続要件と保有継続要件を満たす必要があります。

### (1)　親族が相続によって事業を承継する場合

申告期限までに事業を引き継ぎ，かつ，取得した宅地等を申告期限まで継続して保有することが要件です。

そうすると，申告期限までに相続人が死亡し，２次相続が発生してしまった場合が問題になります。たとえば，父の小売業を相続で承継した子が申告期限までに死亡してしまった場合です。この場合は，子の相続人（孫等）が，死亡した父の１次相続の申告義務を承継しますが，孫が１次相続の申告期限までに小売業を承継し，かつ，宅地等を継続して保有すれば，１次相続において特定事業用宅地等による80％減額が適用できます（措法69の４③一本文かっこ書，措通69の４－15）。なお，１次相続の申告期限は，相続税法27条２項により，子の相続開始日から10カ月まで延長されます。

さらに，子が事業を引き継ぐ前に死亡し，孫が直接被相続人から事業を引き継いだ場合もこの取扱いが適用され，１次相続の申告においては80％減額が可能です。

### (2) 生計一親族の特例

相続開始前から営んでいた生計一親族の事業を申告期限まで継続して営み，かつ，取得した宅地等を申告期限まで継続して保有することが要件です。

なお，申告期限までに生計一親族が死亡し，２次相続が発生してしまった場合は，生計一親族の死亡日までの事業継続要件と保有継続要件を満たせば足ります（措法69の４③一本文，措通69の４－15）。(1)のように２次相続の相続人に対して，保有継続要件や事業継続要件は課されません。

## ５　令和元年度改正による３年縛りの導入

【設問】
父親が土地を購入し，同居（生計一）する息子が事業を始めることになった。
相続があれば，生計一親族の特例が使えるので節税になる。

令和元年度改正によって，新規に事業を始めてから３年以内に相続があると，特定事業用宅地の80％減額が認められないことになりました。事例のように父親が宅地を取得して同一生計の息子が事業を開始すれば，父親の相続時においては生計一親族の特例（措法69の４③一ロ）が適用できましたが，改正によって３年縛りが入ることになります。相続が開始する３年以内に事業を開始していれば80％減額は認められません。

ただし救済措置があり，新規事業に係る宅地の評価額の15％以上の建物や構築物，減価償却資産が存在すれば，相続の３年以内に開始した場合であっても80％減額が適用できるので実はハードルが低いといえます。

スタッフへのアドバイス

**資産組み替えのきっかけにする**

収益性が悪く，あるいは，未利用のまま固定資産税の負担だけが生じるような不動産でも，いざ，売却を決断するのは，なかなか難しいものです。専門家としては，収支の分析や予測，保有し続けた場合と売却した場合の税負担などをアドバイスすることはできますが，損得の計算から売却の決断までは心理的な距離があります。土地を手放すのに抵抗があり，「不動産賃貸業に失敗した」という世間体への配慮から不動産を処分するのに抵抗感があることも多く，惰性で保有し続けることも多いと思います。

そのような状況には，きっかけが必要です。それが相続です。相続人には不動産にこだわりがない場合が多いですし，実際，自宅が売りに出されるときというのは，相続があった場合が多いものです。被相続人から相続人に所有権が移ったときは，不要な資産を売却して資金化する大きなチャンスです。小規模宅地特例の適用が見込めない土地であることがわかれば，所有者が生前に売却してしまうきっかけにもなります。さらに，小規模宅地特例が使えるような不動産を取得しておくという判断もあるでしょう。

## Q15 知っておくべき特定事業用宅地等の特例の事例

特定事業用宅地等にはどのような宅地が該当するのですか。事例を使って教えてください。

**A** 相続による事業承継と生前の事業承継に区分できるためそれぞれの事例を理解します。措置法通達において個別の事例が解説されているので確認しておきましょう。

法令・通達　措法69の4③一，措通69の4－16，18，19，20

### 解説

#### 1　相続後の事業承継

【設問】
1　父が営む卸売業に息子の私は専従者として従事していたが，父に相続が開始したので私が事業主になって店舗用の宅地を相続した。
2　父は卸売業を営んでいたが，父に相続が開始したのでサラリーマンを退職して事業を引き継ぎ，店舗用の宅地を相続した。

事業承継の事例ごとの小規模宅地特例を確認し，特定事業用宅地等の趣旨を学びます。

まず，設問の1と2は，いずれも父親が営んでいた事業を，相続後に親族が引き継ぐ事例です（措法69の4③一イ）。

父親の生前はその事業に従事していた息子が，相続開始後に事業主になるような場合が典型です。サラリーマンだった息子が父親の死亡によって家業を承継するケースも適用できます。息子がその事業用の宅地を相続等によって取得すれば，80％減額の対象になります。

この特例は，被相続人の生前，宅地を取得する親族が生計を一にしていたかどうかは問いません。父親の事業に従事し，給料を受け取っていた息子が，父親とは別居しており，生計を別にしていたとしても特定事業用宅地等に該当します。サラリーマンの息子が親とは別生計の場合も適用できます。被相続人から引き継いだ家業を保護するのがこの特例の趣旨ですから，引き継いだ親族が事業を継続すれば，宅地の相続税負担の軽減を通じてその事業が保護されるというわけです。

なお，息子が学生であるため，当面，母親が事業主となるようなやむを得ない事情がある場合は，息子が事業を承継したものと扱うことが通達で明記されています（措通69の４－20）。

### ２　生計一親族の特例の立法趣旨は生前の事業承継

【設問】
１　父が営むコンビニ業を息子の私が生前に承継した。父に相続が開始したので店舗用の宅地を相続した。父とは同居しており，コンビニ業による稼ぎで父の生計を支えていた。
２　父が営むコンビニ業を息子の私が生前に承継した。父に相続が開始したので店舗用の宅地を相続した。父とは別居しており，私にコンビニ業を譲った後は年金で生活していた。

このような事例では，１の適用はありませんので，生計一親族の特例が適用できるかどうかです。父親の小売業に従事していた息子が，生前に事業主を交代したような場合は，同一生計だったか否かで適用が変わってきます。

設問１のように，生前に事業主が父親から息子に交代し，父親と息子が生計を一にしている場合は，特定事業用宅地等に該当することになります（措法69の４③一ロ）。つまり，生計一親族による特定事業用宅地等の特例は，事業主を交代した父親と息子が同居しているような，昭和の時代の家業の生前承継を想定しているといえます。

生前の事業承継（措法69の４③一ロ）

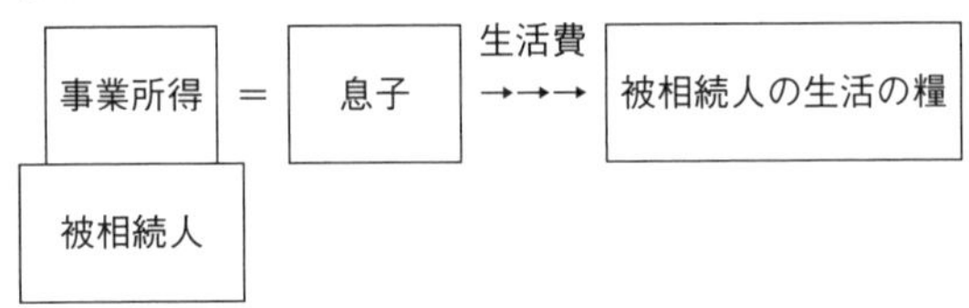


相続によって事業を承継する設問１では，相続直前まで，その営む事業が被相続人の生活の糧になっていたわけですから，生前において父と息子が生計を一にしている必要はありません。

これに対し生計一親族の特例では，設問１とは事業承継のタイミングが異なります。その事業による稼ぎが被相続人の生活の糧になっていることが必要ですので，父と子は同一生計であることが要求されるのです。

設問２では，生前に事業主を父親から息子に交代していますが，父と子は別生計です。息子が父の相続によって取得した店舗の敷地は特定事業用宅地等には該当しません。息子が営む事業は被相続人の生計を支えていることにはならないため，父親から引き継いだ家業を保護するという小規模宅地特例の趣旨には馴染まないからです。仮に，事業主の交代後，父親に給料を支払っていたとしても，雇用による第三者間の関係となり，生計を一にしていたことにはなりません。

## ３　事業承継後に生計が別になった場合

【設問】
父が営むコンビニ業を生前に承継した。父に相続が開始したので店舗用の宅地を相続した。承継後しばらくは父とは同居しており，コンビニ業による稼ぎで父の生計を支えていた。その後私は親元を離れ父とは別生計になった。

同一生計の親子が事業承継を行った場合でも，息子がその後同居を解消し経済的に独立した場合，生計一親族の特例は利用できなくなります。

なお，「生計一」は別居でも成立する概念ですが，特定事業用宅地の特例を前提とする限り，親と別居していた子が特定事業用宅地等の特例が使えることはほとんどないでしょう。相続税の対象となる資産規模の親と，事業を営む子供の間で，生活費の送金を必要とするような扶養義務が生じるとはあまり想定できないからです。仮に生計一親族の特例を使うためだけに送金を行ったとしてもそれは単純贈与といわざるを得ません。

別居でも同一生計と認定できる事例があるとすれば，たとえば，被相続人が要介護状態になり有料老人ホームに入居した場合など，やむを得ず同居が継続できなくなったときは，生計一とみてよい場合があるでしょう。同居から始まった別居の事例については，生計一親族の特例が適用できないか検討する必要があります。

## 4　事業の範囲の検討

事業のうち，不動産貸付業や駐車場業，自転車駐車場業，事業と称するに至らない不動産貸付業等の準事業は，貸付事業用宅地等の対象となりますので，特定事業用宅地等における事業には該当しません。

そうすると，ホテル業や旅館，下宿のように部屋の使用と食事を提供する事業が貸付事業に該当するのか気になります。これらの事業は食事の提供などのサービス業といえますので，貸付事業には該当しないものと扱われます。では，時間貸しの立体駐車場などの場合はどうでしょうか。立体駐車場は，所得税法上，事業所得または雑所得に該当する場合であっても，駐車場業として貸付事業に該当し，50%減額の対象になります（近藤光夫編『相続税　小規模宅地等の特例・特定事業用資産の特例の税務』（大蔵財務協会））。

## 5　措置法通達の確認

承継した事業は，申告期限まで継続することが要件ですが，いったん事業を承継しても申告期限までに転業や廃業をすることも考えられます。措置法通達69の4－16に具体例が列挙されており，事業を承継した親族については，全部を転業すると家業を承継したとはいえないことから減額割合はゼロになりますが，一部の転業は認められ，敷地全体が80％減額の対象になります。複数の事業を承継した場合は一部の事業を廃止しても存続している事業部分は80％減額が可能です（措通69の４－16）。同様に一部を譲渡したり貸し付けたような場合も，それ以外の部分については80％減額が可能です（措通69の４－18）。

生計一親族については，事業の全部を転業しても80％減額が認められます。一部を廃業した場合は存続している部分については80％減額が可能です。従来から生計一親族によって営まれている事業については転業してもその生計一親族の事業であることに変わりはありません。

また，災害により申告期限において事業を休止している場合で再開準備作業を進めている場合は事業継続要件が満たされているものと扱います（措通69の４－17）。

さらに，事業を承継した親族または，被相続人の生計一親族の事業の用に供されている建物等が申告期限までに建替え工事に着手された場合に，宅地等のうち親族により事業の用に供されると認められる部分については，申告期限において事業の用に供されているものとして取り扱います（措通69の４－19）。

### ６　申告期限までに事業を承継すること

特定事業用宅地等を適用するには，宅地等を取得した親族が，申告期限までに事業を承継・継続していなければなりません。

誰が飲食店業を承継するかが決まらず，申告期限において休業状態であったような場合には，宅地の分割が調ったとしても，父親の事業を引き継いだとはいえませんので，小規模宅地特例の適用はないことになります。

敷地について分割が調わないというような場合は，申告期限から３年以内に分割協議が調えば更正の請求が可能ですが，事業の引き継ぎは必ず申告期限までに実行する必要があります。

# 第3章
# 特定居住用宅地等

## Q16 特定居住用宅地等は小規模宅地特例の主役

特定居住用宅地等の実務上の留意点にはどのようなものがありますか。

**A** 相続税の申告においては，ほとんどの事案で特定居住用宅地等を検討することになります。また，最近の改正も特定居住用宅地等に関する項目が多いのが特徴です。小規模宅地特例の中心的な制度として特定居住用宅地等の知識は不可欠です。

### 解説

#### 1 実務における特定居住用宅地等

特定居住用宅地等の特例は小規模宅地特例における主人公です。自宅を持つ被相続人の相続税の申告において，特定居住用宅地等の特例を検討しないというケースはあまりないと思います。小規模宅地特例には居住用と事業用の二本柱がありますが，事業用つまり特定事業用宅地等の対象になる土地というのは，要するに個人名義の不動産を保有し個人商店を営む場合ですから，昭和の時代に比べて利用の割合は減少しています。

会計検査院による「平成17年度決算検査報告」として，全国65の税務署における申告実績のうち，財産額で上位の被相続人の申告書を抽出したデータが公表されています（「租税特別措置（小規模宅地等についての相続税の課税価格の計算の特例）の適用状況等について」)。これによると，抽出した相続人1,657人について，小規模宅地特例の区分別にみると，特定事業用宅地等が54人，特定同族会社事業用宅地等が90人，その他事業用宅地等が556人，特定居住用宅地等が1,051人，その他居住用宅地等が153人となっています。実際の申告においても特定居住用宅地等の適用が最も多いことがわかります。

夫の１次相続では，妻が相続すれば無条件で配偶者の特例が適用することができることもあり，ほとんどのケースで小規模宅地特例が適用できます。２次相続では配偶者と同居する親族がいればよいのですが，同居親族がいない場合，生計一親族の特例や，家なき子特例を有効に適用できるかどうかが，相続税の負担に大きく影響することになります。

## ２　小規模宅地特例は都心部の住宅を保護するための制度

小規模宅地特例は，都心と地方における地価格差が社会問題になった時代に相続税負担で大きな負担の違いが生じないことを目的とした特例です。特に東京都心の住宅用地の地価は地方とは大きな差があります。

地方では，面積が広い住宅敷地であっても限度面積があるため，80％を減額してもその金額は数百万円かもしれませんが，東京都心の路線価100万円の住

**【図表16－１】減額された課税価格の地域別平均**

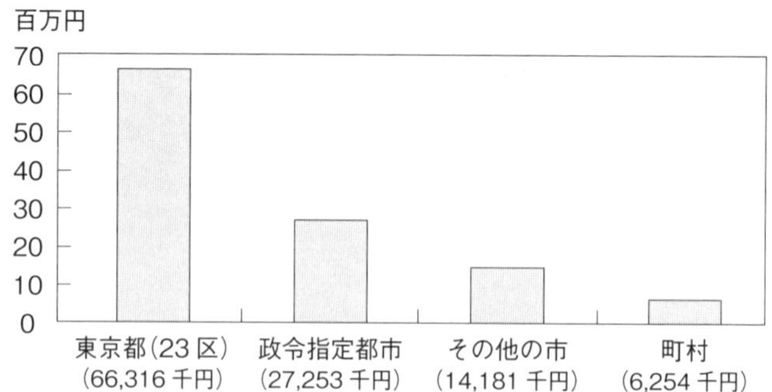


会計検査院平成17年度決算検査報告（「租税特別措置（小規模宅地等についての相続税の課税価格の計算の特例）の適用状況等について」）

宅に住む場合なら，面積が仮に200㎡でも減額される金額は１億6,000万円です。

このことは，やはり会計検査院から公表されているデータでも確認することができます。小規模宅地特例により減額された金額を地域別平均でみると，**図表16－１**のとおり，東京都（23区）は6,631万円であり，政令指定都市の2.4倍，その他の市の4.6倍，町村についてはその10.6倍となっており，限られた面積に減額を認める制度という性質から，当然に地価の高い地域ほど減額された課税価格は大きくなっています。

### ３　基礎控除の縮減と小規模宅地特例の関係

小規模宅地特例は，基礎控除の代替的機能を果たすといわれますが，小規模宅地特例と基礎控除には大きな違いがあります。基礎控除の改正はすべての納税者に平等に影響するのに対し，小規模宅地特例は，地域によって効果が大きく異なります。地方の土地は面積が広くても小規模宅地特例には限度面積があり，また単価が低いため，減額可能な金額はそれほど大きくありません。しかし，減額できる金額に上限はないため，比較的面積が小さい都心では単価が高い土地ほど節税効果が大きくなります。

このことは，減額できる金額に限度を設けている譲渡所得の各種特例とは異なるところです。小規模宅地特例は面積に限度がある代わりに，減額可能な金額に限度はありません。同じ面積であれば単価が高額な居住用地ほど減額できる金額が大きくなります。

さらに，平成25年度改正では特定居住用宅地等の特例はそれまでの240㎡から330㎡（約100坪）へと限度面積が拡大されました。都心部を中心とした単価が高い土地を必要以上に優遇する改正が行われたといってよいでしょう。都心部における住宅敷地の平均的な面積は，100㎡から200㎡です。都心部の一般的な相続における相続税を緩和する目的であれば，100坪もの敷地に80％減額を認める必要はありません。

これは都心において積極的に土地を取得してもらうための地価対策としての改正と位置づけられそうです。借家に住む資産家は自宅を購入すれば大きな相続節税になります。仮に100坪で１億円の住宅敷地を取得すれば，相続の際は，路線価評価で8,000万円，そこから80％の減額があれば申告する課税価格は1,600万円です。要するに１億円の現金は宅地を購入すれば1,600万円に圧縮できるのです。これほど確実で安全な節税対策はそうはありません。かつてバブルの時代には悪用が懸念された小規模宅地特例ですが，現在はむしろデフレ脱却を期待する地価対策の側面から，政府は住宅用の土地取得を奨励していることが読み取れます。

スタッフへのアドバイス

**タワーマンション節税**

資産を圧縮するためにタワーマンションを取得する。これは相続税の節税には絶大な効果がありました。しかし，新型コロナで東南アジアの人たちによる不動産取得需要がなくなったことを考えると，マンション不況もいよいよ深刻なものとなります。

今から節税目的で取得する人は激減するでしょう。節税の防止方法を議論する必要もなくなるでしょう。筆者としても，節税を実行する人たちとそれを防止するための改正について執筆するのも空しくなる，というのが正直な心境です。

## Q17 特定居住用宅地等の全体像の理解

特定居住用宅地等の各制度はどのように位置づけるとよいですか。

**A** 被相続人が居住の用に供していた居宅と，被相続人と生計を一にしていた親族が居住の用に供していた居宅に区分できます。各制度は，誰の「居住」を保護しているかという趣旨から理解する必要があります。

法令・通達　措法69の4③二

### 解説

#### 1　特定居住用宅地等は2つに区分できる

特定居住用宅地等は，被相続人が居住の用に供していた居宅敷地（措法69の4③二イロ）と，被相続人と生計を一にしていた親族が居住の用に供していた居宅敷地（措法69の4③二ハ）に区分できます。

いずれの居宅敷地を取得しても80％減額ができる配偶者（措法69の4③二柱書）を除くと，被相続人が居住の用に供していた居宅敷地については，同居親族が取得した場合と家なき子が取得した場合が特定居住用宅地等に該当します。家なき子特例は，たとえば子供が学業や転勤で実家を離れている間に相続が開始した事例に対応しています。

被相続人と生計を一にしていた親族が居住の用に供していた居宅敷地については，配偶者か，その居宅で居住していた生計一親族が取得した場合が特定居住用宅地等に該当することになります。生計一親族の居住用の宅地が対象になるのは，被相続人が居宅を離れている間に相続が発生することがあるためです。通達で創設された当初は生計一親族の居住用は対象になっていませんでした。扶養が必要な子供を実家に残して転勤先で夫が亡くなる事例に対応したのです。

配偶者はいずれの宅地を取得しても特定居住用宅地等に該当します。夫婦が居住していた住宅は夫婦で築いた財産です。どちらの名義になっているかはあまり重要ではありません。相続で所有者の名義が変わっても相続税負担は求めない，これが配偶者の特例の趣旨です。

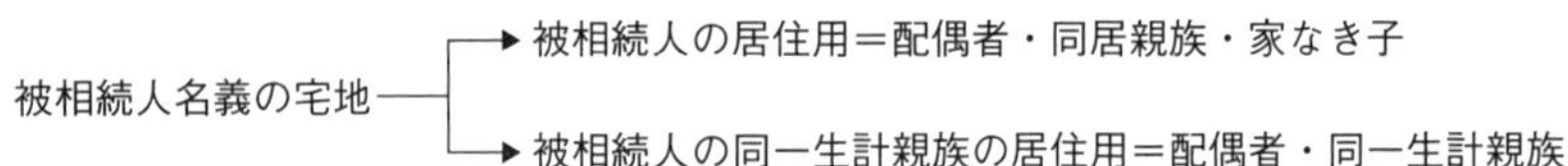


## ２　居住用の宅地等が２カ所ある場合

小規模宅地特例は，昭和50年に公表された個別通達でスタートしましたが（昭和50年６月20日付直資５－17「事業又は居住の用に供されていた宅地の評価について」），導入当初は，居住用の宅地が２以上ある場合は，主たる居住用宅地に限定していました。

その後，租税特別措置法として創設されたときは，居住用の宅地が２以上ある場合の取扱いが明記されなかったものの，実務の運用は２カ所について小規模宅地特例を適用することは想定されていませんでした。したがって，複数の居宅がある場合は，主たる居宅の敷地が小規模宅地特例の対象となっていました。

しかし，福岡高裁平成21年２月４日判決において，２カ所の居住用宅地等を認めるとの解釈を受けて，平成22年度改正では，特定居住用宅地等については，主として居住の用に供されていた一の宅地等に限られることが明確化されました。

被相続人について２カ所の居住用宅地は認められませんし，１名の生計一親族について２カ所の居住用宅地は認められません。これに対し，たとえば，被相続人が居住していた居宅敷地Ａと，被相続人と生計を一にする長男が居住していた住宅敷地Ｂ，生計を一にする長女が居住していた住宅敷地Ｃがあれば，すべて特定居住用宅地等に該当します。同一人物が２カ所に居住していたわけではないからです。限度面積以内であれば何カ所でも認められます。

## ３　現実の居住を優先的に保護

### ⑴　事例による検討１

特定居住用宅地等の特例は，実際に居住している者を保護するという思想があります。

1　配偶者の居住は無条件で保護
2　生計一親族の居住継続を保護
3　同居親族の居住継続を保護
4　やむを得ず同居できない親族の将来の居住を保護

【設問】
夫婦が居住していた夫名義の居宅は，夫の相続の際，別居の息子が相続した。

条文を確認すれば，息子は両親と同居していたわけではありませんので同居特例は使えず，家なき子特例の要件も満たしません。

なぜ，特定居住用宅地等が認められないのでしょうか。息子にとって居宅は生活基盤となり得るのですから，一見，小規模宅地特例による減額を認めてもよさそうです。認められない理由は，特定居住用宅地等には現実に居住している者を保護するという思想があるからです。この事例では実際に居住している配偶者を保護すべきと小規模宅地特例では考えているわけです。もし息子に特定居住用宅地等としての減額が認められるとすれば，母親を追い出すことを税法が認めることにもなってしまいかねません。そのため実際の条文が適用を認める者は，配偶者・同居している親族・家なき子に限っているわけです。

ちなみにこの事例では息子が借家住まいだったとしても家なき子特例の要件は満たしません。家なき子特例は，配偶者がいない一人暮らしの親が亡くなったときに，持ち家がない親族（家なき子）が空き家になった実家を取得する場合に選択できます。ここでは配偶者が存命ですから要件を満たしません。

結局，この事例では配偶者が取得した場合にのみ80％減額が認められることになります。

### ⑵　事例による検討２

現実に居住している親族を保護するとの考え方は，次のような事例でも確認できます。

> 【設問】
> 父親名義の東京のマンションには，学生である次男が居住している。次男と父親は生計を一にしている。父親に相続が発生し，東京のマンションは，次男ではなく長男が相続した。なお，長男は実家で父親と同居している。

少しややこしいですが，要するに生計一親族（次男）の居住用の宅地（この場合はマンションの敷地権）を，被相続人の同居親族（長男）が取得した事例です。

この事例も特定居住用宅地等には該当しません。一見，長男は父親と同居していますから同居特例が使えるのではと考えるかもしれません。東京のマンションに住むのは次男ですから小規模宅地特例が選択できるのは次男が相続した場合です。仮に長男に小規模宅地特例の減額を認めると，次男はマンションを追い出されてしまうかもしれず，それを税法が優遇するわけにはいきません。

### (3) 交じり合わない２つの制度

上記２つの事例を通じて，被相続人の居住用地と被相続人の同一生計親族の居住用地は適用できる者が限られることが理解できると思います。

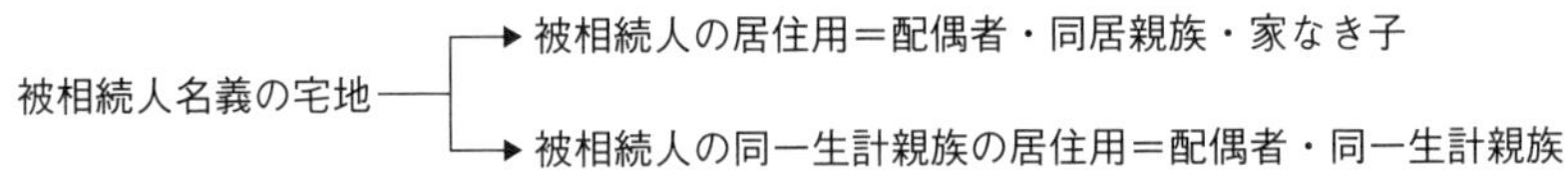


つまり，実家で同居する親族や家なき子が，生計一親族が居住する居宅を相続しても特定居住用宅地には該当しません。逆に，被相続人と同一生計の親族であったとしても被相続人とは別居していたのであれば，実家を相続しても特定居住用宅地等には該当しません（家なき子特例の要件を満たす場合を除く）。

いずれも取得した居宅に実際に居住する親族ではないからです。ただし配偶者は別であることはすでに確認したとおりです。

## Q 18 特定居住用宅地等（配偶者の特例）

**配偶者が被相続人，あるいは被相続人と生計を一にしていた親族が居住の用に供していた宅地等を相続・遺贈で取得した場合の要件にはどのようなものがありますか。**

**A** 被相続人の配偶者については，被相続人等の居住の用に供していた宅地等については，８割の減額が認められ，他の特例のような居住継続や保有継続といった相続後の要件がありません。

（法令・通達）措法69の４③二柱書

### 解説

#### 1　配偶者については無条件で引き継いだ「居住」を保護

【設問１】
父が亡くなった。居宅には同居していた長男がいる。

【設問２】
父の居宅に娘が１人で住んでいる。娘は父の仕送りで生活しており生計を一にしている。

設問１は，長男が居宅を相続すれば同居特例が使えます。また，設問２は娘が相続すれば生計一親族の特例に該当します。

そしていずれの居宅を配偶者が相続した場合も特定居住用宅地等に該当します。つまり，配偶者は，相続開始直前において被相続人または被相続人と生計を一にする親族の居住の用に供していた宅地等を取得すれば特定居住用宅地等には該当することになります。

⑴　被相続人が居住の用に供していた宅地等

(2) 被相続人と生計を一にしていた親族が居住の用に供していた宅地等

以上は相続直前の要件ですが，相続後の要件がないのが配偶者の特例の特徴です。他の規定のように申告期限までの保有の継続，居住の継続などの要件がありません。相続開始時に配偶者は老人ホームへの入居などで同居していないことも考えられるので居住を要件にする必要はありません。また，被相続人と同居していたとしても，相続後は子供と同居するために引っ越すこともあります。これらの場合に適用を認めないとしたら厳しすぎるでしょう。

夫婦の居宅は被相続人名義のものであっても夫婦で築いた財産ですから，配偶者が取得することを税法は当然に保護しているのです。

### 2　被相続人が居住の用に供していた宅地等

まず，土地建物いずれも被相続人名義で，そこに被相続人が居住していればそれは被相続人が居住の用に供していた宅地等に該当します。

次に，建物が被相続人以外の親族名義である場合は家賃・地代の授受があってはいけません。いずれも無償でないと被相続人の居住用の宅地ではなくなります。賃貸借関係が介在してしまうと貸付事業用宅地ですから被相続人の居住用宅地とはいえません。

賃料の授受がある場合は，特定居住用宅地等の適用を想定する上では授受を停止しておくことをアドバイスすることも必要でしょう。

### 3　被相続人と生計を一にしていた親族が居住の用に供していた宅地等

配偶者が取得した宅地等が被相続人と生計を一にしていた親族が居住の用に供していたものだと，建物の名義が生計一親族である場合や他の親族である場合は，やはり家賃，地代の授受がないことが要件です。

家賃や地代が有償である場合は，生計一親族の居住の用に供していたことにはなりませんが，要件を満たせば貸付事業用宅地等として小規模宅地特例を受けることができます（措法69の４③四）。

## ４　事例で理解する配偶者の特例の論点

配偶者の特例については，相続後，申告期限までの保有継続要件や，居住継続要件がありません。次の事例で検討してみましょう。

【設問１】
夫が亡くなり，妻が居宅を相続した。ただし，妻はその居宅には居住せず相続後すぐに引っ越して子供と同居することにした。さらに，空き家は，賃貸することにした。

【設問２】
夫と妻は一緒に老人ホームに入居した。夫に相続が開始したので，妻は居宅を相続した。

【設問３】
夫が亡くなり，妻が居宅を相続した。妻は相続税の申告期限の前に，相続した居宅を売却して老人ホームの入居資金にした。

いずれも配偶者の特例が適用できます。設問１，設問２では相続後，配偶者は居住していません。なお，設問２は被相続人は相続直前において居住していないため，原則的には被相続人の居住用宅地に該当しませんが，別途老人ホームの特例が準備されています。設問３は相続後に売却しています。

他の制度と異なり，相続後に要件を課しておらず，配偶者は当然に80％減額が適用できます。

## ５　夫婦が別居している事例

【設問】
夫が亡くなったので，妻は夫名義の居宅を相続した。ただし夫は転勤により地方で借家住まいだった。

妻が取得した宅地は２つの考え方が可能です。まず，被相続人は妻を残して転勤している実状を考えると被相続人の居住用宅地と考えることができます。もう一つの考え方は生計一親族（妻）の居住用宅地と考えることもできます。いずれの考え方を採用しても特定居住用宅地に該当しますが，前者とするのが素直な解釈でしょう。単身赴任で自宅を離れたからといって，その瞬間自分の居住用の家ではなくなるわけではありません。

【設問】
夫が亡くなったので，妻は夫名義の居宅を相続した。ただし夫は地方に転勤しておりマンションを購入して住んでいた。

この事例では夫はマンションを購入しているので，妻が住む自宅は被相続人（夫）の居住用とはいえないかもしれません。この場合は，生計一親族（妻）の居住用宅地と考えることができるでしょう。

## Q19 特定居住用宅地等（同居親族の特例）

**特定居住用宅地等のうち同居親族が取得した場合の要件にはどのような注意点がありますか。**

**A** 同居親族は，被相続人の居住用家屋で共に起居していた者をいいますが，実態に応じた取扱いをするための法令や通達があるため，その取扱いを確認しておく必要があります。

法令・通達　措法69の４③二イ，措令40の２②③④⑬

### 解説

#### 1　同居親族の特例の位置づけ

特定居住用宅地等の特例は，配偶者と被相続人の同居親族の相続後の居住を保護することをスタートにした制度です。

他の制度はやむなく同居できなくなった親族のために作られたものです。具体的には，扶養を要する家族を残して被相続人が居宅を離れた場合のために，生計一親族の特例が準備され，子供が転勤で実家を離れて借家住まいになった場合のために，家なき子特例が準備されました。どちらも同居から始まった別居を想定しているのです。

#### 2　具体的な事例

相続人がやむを得ず被相続人の居宅を出た場合でも同居が継続しているとする取扱いが公表されています。

被相続人が，自ら所有する居宅で長男とその妻，子と同居していたところ，長男が転勤で単身赴任しているような場合は同居扱いと認められますので，長男が居宅を相続すれば同居特例が認められます。また，相続税の申告期限までに転勤が解消しなくても居住要件を満たすものとされます（国税庁HP質疑応答事例「単身赴任中の相続人が取得した被相続人の居住用宅地等についての小規模宅地等の特例」)。いずれ転勤が解消したときは同居することが確実といえるからです。妻や子とともに転勤した場合であれば，被相続人との同居は解消されたことになります。その場合は被相続人が一人暮らしであり，長男が借家住まいであれば，家なき子特例が適用できます。

相続後，申告期限までの間に転勤した場合についても同様です。相続後，申告期限までに転勤で居住しなくなった場合でも，妻や子が引き続き居住しているときは，居住継続要件を満たすものと扱います（国税庁HP質疑応答事例「特定居住用宅地等の要件の一つである「相続開始時から申告期限まで引き続き当該家屋に居住していること」の意義」)。やはり転勤が解消すると，家族と同居することになるからです。

### 3　共同相続した場合

被相続人の居住用の宅地等を複数の親族が共同相続した場合，取得した者ごとに特定居住用宅地等の要件を満たしているかを判定します。

たとえば，被相続人が所有する居宅に，被相続人である母と娘が同居していたとします。母の相続が開始し，娘と別居の息子が２分の１ずつ共同相続した場合，娘のみが特定居住用宅地等としての80%減額を選択できます。ちなみに別居の息子は家なき子特例は使えません。同居していた娘がいるからです。この場合，娘の持分２分の１までの範囲内で330㎡を限度に選択できることになります。

また，被相続人の居宅に被相続人と配偶者，娘の３人が同居していたような場合は，配偶者と娘が居宅敷地を共同相続すれば２人とも特定居住用宅地等として80%減額を適用することができます。330㎡を超える場合は，配偶者が優先的に適用し，娘が残りの面積を選択することも可能です。持分に応じて小規模宅地特例を適用する必要はありません。

### 4　平成25年度改正後の変更点

二世帯住宅のなかには，玄関が２つあり，キッチン等の中の設備も分けられ，

１階と２階で世帯が分かれるものや，壁で区切り世帯を分ける完全分離型のものがあります。被相続人が居住していた１棟の建物に親族が居住する場合，その親族は同居であると認められます。ただし区分所有登記がされていない場合に限ります（措令40の２④⑬）。

また，要介護認定等を受けて被相続人が老人ホームに入居した場合，留守宅は被相続人の居住用と認められます。入居前から同居していた親族は，老人ホーム入居後も同居親族に該当しますので，同居特例を適用することができます。

自宅から直接老人ホームに入居することが要件ですので，いったん子供の家に引っ越してから老人ホームに入居したような場合，元の自宅は被相続人の居住用ではなくなります。また，留守宅に別生計の親族が引っ越してきたり，事業用にした場合は，被相続人の居住がその時点で途切れたものとされ，いずれも同居特例は適用できなくなります（措令40の２②③）。

いずれの取扱いも，平成25年度改正により平成26年以後の相続から適用されています。

## Q20 特定居住用宅地等の特例における「同居」とは

同居親族が取得した宅地等が特定居住用宅地等に該当するためには，被相続人が居住していた宅地等に同居し，相続税の申告期限まで継続する必要があります。この場合の「同居」はどのような範囲を指すのでしょうか。

**A** 「同居」とは，相続開始の直前において被相続人の家屋に被相続人と共に起居していたことをいいますが，厳密には同居していなかったような場合でも実質的に同居とみることができる場合もあります。

また，所得税における同居とは微妙に違っているので具体的に確認しておく必要があります。

（法令・通達） 措法69の4③二イ

### 解説

#### 1 「同居」は実態に応じて判断

被相続人と住宅敷地を取得した親族が「同居」していたかどうかは，次のように判断すると説明されています（国税庁HP質疑応答事例「小規模宅地等の特例の対象となる「被相続人等の居住の用に供されていた宅地等」の判定」）。そのため，実務においては，実態に応じて判断することになります。

① その親族の日常生活の状況
② その建物への入居目的
③ その建物の構造および設備
④ 生活の拠点となるべき他の建物の有無，その他の状況を勘案

小規模宅地特例を受けるためだけの同居は当然，認められません。親族自身に生活拠点となる家と家族がありながら，相続直前になって同居するような場合は，同居親族の特定居住用宅地等には該当しなくなるリスクがあります。

したがって，相続直前に同居を開始したような場合は，同居する必然性を説

明できるようにしておく必要があるでしょう。また，被相続人と別居の子とその家族が，子が所有する自宅の改築期間中だけ，被相続人が所有する自宅で同居していたような場合で，改築が終了するとすぐに自宅に戻っているときは，子が被相続人の住宅と敷地を相続しても同居親族には該当せず，小規模宅地特例の適用はないと説明されています。

被相続人が長期の入院中に退院することなく亡くなったような場合は，被相続人と同居していた親族は，特定居住用宅地等として80％減額は可能でしょうか。この場合は，生活拠点は自宅にあったと考えるのが自然ですし，そもそも入院の末に亡くなることが多いわけですから，空き家となっていた期間に関係なく，自宅は被相続人が居住の用に供していたものとみることができます（国税庁HP質疑応答事例「入院により空家となっていた建物の敷地についての小規模宅地等の特例」）。

### ２　所得税法における同居との違い

所得税の扶養控除における同居老親等や，同居特別障害者の控除においては，納税者が，老親や特別障害者と同居を常況としていることとされています。たとえば，同居老親等の「同居」については，仮に親が老人ホームに入居した場合には，納税者とは同居していないので，同居老親等には該当しません。所得税における同居老親等や同居特別障害者の控除の趣旨は，自分達の親や障害者と同居して面倒をみることを支援するためのものだからです。

これに対し，小規模宅地特例においては，被相続人が老人ホームに入居した場合でも，それが要介護認定を受けての入居である場合などの条件はつきますが，元の住宅に居住している親族は，被相続人と同居しているものとして取り扱います。小規模宅地特例の趣旨は，残された同居親族の「居住」を保護することですので，保護すべき「居住」があるか否かで考えることになります。

また，所得税では同居とみることができる事例でも，小規模宅地特例では同居と扱わない場合もあります。被相続人が所有する敷地内に２軒の家（Ａ家屋とＢ家屋）があり，Ａ家屋には被相続人である父が，Ｂ家屋には息子家族が住んでいるような場合です。この場合，所得税では老親と食事を一緒にするなど日常生活を共にしているときは同居老親等に該当します。

しかし，小規模宅地特例では息子が父の身の回りの世話をしていたとしてもＡ家屋で息子が父と起居を共にしていたと認められず，息子は同居親族に該当しません。

これは，二世帯住宅の取扱いにも影響します。いわゆる完全分離型の二世帯住宅を区分登記している場合です。小規模宅地特例では区分所有建物は，区分登記した独立区分ごとに別棟と扱います。したがって，その敷地を被相続人が所有していた場合，被相続人の居住用宅地に該当するのは，被相続人の区分所有に対応する部分だけです。仮に１階を区分所有する父と，２階を区分所有する息子が，日常食事を共にしていても小規模宅地特例の適用上は同居親族に該当しません。

## Q21 特定居住用宅地等（家なき子特例）

家なき子特例は申告期限における居住が要件とされていないなど，他の特例と要件が異なります。どのように制度の趣旨を理解すればよいでしょうか。

**A** 被相続人と同居していた親族が転勤により別居している間に相続があった場合に小規模宅地特例を認めるのがこの特例の立法趣旨です。

（法令・通達）措法69の４③二ロ，措令40の２⑭⑮，措通69の４－21，22

### 解説

#### 1　家なき子特例は同居特例の補完制度

特定居住用宅地等の特例は同居親族と配偶者が適用するのが基本です。家なき子特例は，たまたま相続開始時に別居していたがゆえに，同居親族の特例が使えない場合で，かつ配偶者がいないことが要件になっています。親族がやむを得ず同居していない場合を救済するために準備された規定です。

もともと親の自宅に同居していた息子が，親が所有する実家を離れて転勤していたところ，転勤が解消し実家に戻る前に相続が発生したら，同居親族による特例は使えません。Q20「特定居住用宅地等の特例における「同居」とは」で検討したように，息子が，妻と子を親元に残して地方に転勤中であれば，実態を考慮し同居親族の特例が使えますが，息子が独身だったり，妻と子を連れて転勤したような場合だと同居とみることはできません。

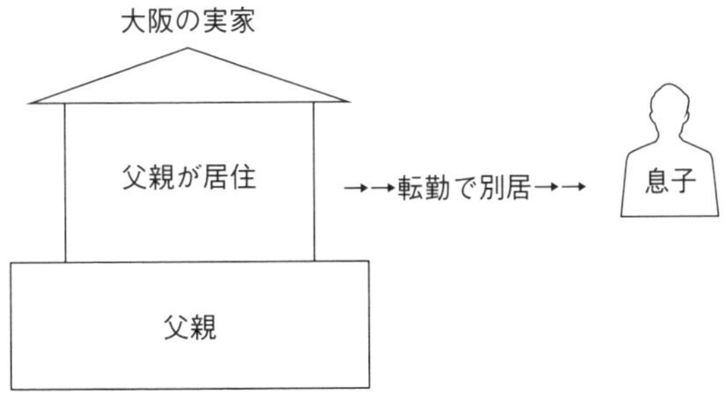

同居中であれば，同居親族の特例を使えたはずですが，転勤中であったがゆえに小規模宅地特例が一切使えないことになってしまいます。そこで，同居親族の特例の救済措置として家なき子特例（措法69の４③二ロ）を認めているというわけです。

高齢化，核家族化時代には，２次相続で同居親族の特例が使えるとは限りません。家なき子特例の有効利用が２次相続の相続税計算のポイントになります。

## ２　事例から要件の趣旨を理解してしまおう

転勤や就学のために実家を離れている間に相続があったことが立法趣旨と理解してしまえば，要件を暗記する必要はなくなります。家なき子特例の要件が理解できるでしょう。

①　取得者は３年間，国内の持ち家（取得者の配偶者の持ち家を含む）がないこと（家なき子であること）。ただし相続開始の直前において当該被相続人の居住の用に供されていた持ち家を除く。
②　取得者が形式的な家なき子でないこと（平成30年度税制改正で追加）
③　被相続人に配偶者または被相続人と同居する，相続税法上の法定相続人がいないこと
④　その宅地等を相続税の申告期限まで所有していること
⑤　相続開始時に日本国内に住所を有していること，あるいは日本国籍を有していること

①は３年縛りの規制です。事例で確認しましょう。

【事例１】
父親に相続が開始した。長男は10年前に結婚して実家を離れ，今は自分の妻名義の家に住んでいる。
【事例２】
父親に相続が開始した。長男は２年前に自分名義の家を売り今はアパート住まいだ。
【事例３】
父親に相続が開始した。父親名義の宅地に長男が家を建築し父親と同居していたが転勤のため２年前に引っ越して今は社宅に住んでいる。

事例１は自分の配偶者名義の家屋に居住していますので長男は家なき子とはいえません。事例２は，相続開始の３年以内に持ち家を所有していたことがあるため要件を満たしません。相続直前に家なき子になる節税行為を防止しています。事例３は認められます。親の敷地に子が家を建てて同居していたような場合，３年縛りは適用されません。

②は家なき子特例を節税手段として利用することを防止するために平成30年度税制改正に追加された要件です。次項で取り扱います。

③の要件により配偶者または同居相続人がいる場合には家なき子特例は使えません（措令40の２⑭，措通69の４－21）。

【事例４】
父親に相続が開始した。長男は10年間アパート住まいだ。母親は存命している。
【事例５】
父親に相続が開始した。長男は10年間アパート住まいだ。父親名義の居宅には次男が住んでいる。
【事例６】
父親に相続が開始した。長男は10年間アパート住まいだ。父親名義の居宅には次男が住んでいるが相続放棄した。
【事例７】
父親に相続が開始した。長男は10年間アパート住まいだ。父親名義の居宅には私の子供（父親の孫）が住んでいる。

長男が相続した場合について検討します。事例４，事例５ともに家なき子特例は使えません。配偶者と同居相続人を優先しているのが小規模宅地特例の思想です。配偶者と同居親族である次男が居宅を取得すればそれぞれ小規模宅地特例が使えるわけですから，あえて別居の長男に減額を認める必要はありません。

事例６では，次男は相続放棄していますが，「同居する相続人」とは相続の放棄があった場合には，その放棄がなかったものとした場合における相続人を指します。したがって家なき子特例は使えません。

事例７は同居人がいますが，相続人でないため家なき子特例が使えます。つまり，被相続人が一人暮らしでない場合でもこの場合は問題ありません。

④は申告期限までの継続保有要件です。

【事例８】
父親に相続が開始した。転勤中で社宅住まいの長男は，相続税の申告期限まで居宅を所有しているが転勤は終わっておらず居住はしていない。

申告期限まで宅地等を所有することが要件ですが，他の制度と異なり居住要件は存在しません。それは事例のように転勤中で別居を前提とする制度だからです。

⑤は国内に住所があるか国籍が日本であることを要求しています。

【事例９】
父親に相続が開始した。10年前から海外に転勤中の長男は父親名義の居宅を相続した。長男の国籍は日本だ。
【事例10】
父親に相続が開始した。10年前に外国人と結婚し米国在住の長女は父親名義の居宅を相続した。長女は米国籍を取得している。

事例９は，相続した親族が日本国内に住所または日本国籍を有するとの要件を満たしますので家なき子特例が使えます。事例10は住所も国籍も海外ですから家なき子特例は使えません。生活拠点が国外にあると考えられ，将来の日本の実家に戻る可能性はほとんどありません。

なお，事例９の長男は非居住無制限納税義務者となり，事例10の長女は制限納税義務者となります。

### ３　平成30年度改正で形式的な家なき子を規制

家なき子特例は節税に使われやすかったことから，平成30年度改正において，次に掲げる者は家なき子特例における家なき子に該当しないものとする改正がありました。

イ　相続開始前３年以内に，その者の３親等内の親族又はその者と特別の関係のある法人（措令40の２⑮）が所有する国内にある家屋に居住したことがある者（措通60の４－22）
ロ　相続開始時において居住の用に供していた家屋を過去に所有していたことがある者

イは，祖父母から居宅の遺贈を受けた孫が家なき子特例を適用する節税の規制です。持ち家のない孫であっても，孫が自分の親など３親等内の親族名義の家屋に居住していれば家なき子には該当しません。ロは，イに該当しない人物に持ち家を形式的に譲渡して住み続けることで家なき子になる節税行為を禁止するものです。

## Q22 家なき子特例の活用事例

家なき子特例は，核家族時代となった現在，利用の機会が増えているとのことですが，具体的にどのような利用価値があるのですか。

**A** 2次相続での活用が基本となります。事前の対策次第で利用の有無が決まる場合があるので生前の検討も重要です。平成30年度改正後の取扱いも事例で確認しておきます。

法令・通達　措法69の4③二ロ，措通69の4－22

### 解説

#### 1　2次相続対策と家なき子特例

1次相続では家なき子特例は登場しません。被相続人に配偶者が存在しないことがこの特例の要件だからです。家なき子特例は2次相続で登場する制度です。

2次相続では家なき子特例が適用できるかどうかで相続税負担に大きな違いが生じることが少なくありません。1次相続では配偶者が80%減額を使えることがほとんどなのですが，2次相続では，配偶者（被相続人）とその子供が必ずしも同居しているとは限らないからです。2次相続で同居親族の特例が使えないときは家なき子特例が重要になってきます。

#### 2　「持ち家がない」とは

仮に長男が持ち家を所有していなくても，長男の配偶者名義の家屋に住む場合は家なき子特例は使えません。長男は住む家を確保できていますから家なき子とはいえません。

配偶者の範囲に，すでに死別あるいは離婚した者まで含まれるか否かは条文上明らかではありませんが，通達では相続開始直前の「配偶者」を指すことから，たとえば，娘が相続開始前3年以内に，夫の持ち家で居住していたとしても，相続開始前に離婚している場合，娘は家なき子となります（措通69の４－22）。

では，娘は夫の持ち家に居住していたが，その持ち家が，夫の親からの相続財産であり，かつ，未分割財産であるような場合はどのように判断できるでしょうか。この場合，娘は家なき子特例は使えません。夫が共有で所有する家屋に居住していることになるからです（「相続税　小規模宅地等の特例　特定事業用資産の特例の税務」大蔵財務協会）。

持ち家があっても相続開始前３年以内に居住したことがなければ，家なき子になれますので，仮に相続人名義の家屋が相続開始の５年前から空き家になっているような場合，その相続人は家なき子に該当することになります。また，家を新築した後，妻や子などの家族だけが居住し，自らは転勤中につき社宅住まいで，まだ新居には居住したことがないというような場合も，家なき子に該当することになります。

### ３　相続後に転勤したら小規模宅地特例が使えない問題

【設問】
父と長男は父名義の居宅で同居していた。父に相続が開始したが，申告期限までに長男が転勤により居宅を離れ社宅住まいになった。

一見，家なき子特例が適用できるように思えます。しかし，この設問では相続直前において被相続人は一人暮らしではなく同居する相続人がいたことになってしまい，家なき子特例の要件を満たしません。本来，家なき子特例が，同居相続人の不存在を要件とする趣旨は，同居相続人がいるのであればその相続人が取得して同居特例を使えばよいと考えているからです。

では同居特例は使えるのかということになるのですが，この事例では長男が相続税の申告期限までの居住要件を満たしていません。結果として家なき子特例も同居特例も適用できないことになってしまうのです。

適用してはならないという理由が見出せませんので，趣旨による解釈によって家なき子特例を適用してもよいのではないかと思います。

## 4　貸し付けることも可能

家なき子特例は，被相続人の居住用の宅地等を取得した親族が，相続税の申告期限において居住している必要はありません。かつて被相続人と同居していた親族が転勤中に相続があった場合を想定しているからです。

そのため，相続や遺贈による取得後，すぐに賃貸物件にしてしまっても80%減額が受けられることになります。

## 5　生前に空き家になると家なき子特例は使えない

【設問】
親名義の実家で親子が同居していたが，子供は転勤で社宅住まいになった。
その後，親も転勤になり実家は空き家になった。その後，親に相続が発生した。

こうなってしまうと実家は単なる空き家になってしまいますから家なき子特例は適用できませんが，これは仕方ありません。

ただし，親が実家を離れた原因が要介護認定を受けての老人ホーム入所であれば，別途特例が準備されており家なき子特例が適用できます（措令40の２②③）。

## 6　平成30年度改正を事例で確認する

平成30年度改正以前は，家なき子特例の要件は緩やかでした。自分の家を持たない者であれば適用できたため，祖父母が孫に居宅を遺贈すれば，孫は家なき子として特例を利用できました。あるいは，家を所有している相続人であれば，子供に贈与したり同族会社に譲渡するなどすれば，引き続き住み続けても家なき子になることができました。家なき子になって３年以内に相続が起こっては適用できませんので，時期にゆとりをもって実行すればよかったのです。一般向け経済紙の相続特集記事などでも節税手法として紹介されるほどでした。

改正前の家なき子特例の要件
・相続人は相続開始前の３年間持ち家（配偶者の持ち家含む）がないこと
・被相続人に配偶者または同居相続人がいないこと
・申告期限まで継続して所有すること

小規模宅地特例が適用対象者を相続人に限っておらず，親族なら誰でも適用可能だったこと，相続後の居住要件がないことなどが，便利な節税利用を促進する側面がありました。とくに孫に家なき子特例が使えれば，世代飛ばしが可能になることを考えると非常に大きな節税効果がありました。

平成30年度改正後の以下の改正によって節税利用はできなくなりました。配偶者名義の家屋に住んでいる者は改正前から家なき子になれませんでしたが，イの追加によって，３親等内の親族まで広がりました（措通69の４－22）。

次に掲げる者は，家なき子特例における家なき子に該当しないことになった。
イ　相続開始前３年以内に，その者の３親等内の親族又はその者と特別の関係のある法人が所有する国内にある家屋に居住したことがある者
ロ　相続開始時において居住の用に供していた家屋を過去に所有していたことがある者

【設問】
妻に先立たれ，今は邸宅に一人暮らしだ。子供たちは各自，持ち家を所有しており，私の居宅は誰も欲しがっていない。そこで孫に遺贈すれば家なき子特例が適用できると説明を受けた。孫は親（被相続人から見たら子）と同居しており住む場所について心配はない。

【設問】
私（相続人）は自宅を保有しており家なき子特例が使えない。そこで自宅を同族会社に売却しよう。引き続き社宅として住み続ける予定だ。そうすれば私は家なき子だ。

【設問】
私（相続人）は自宅を保有しており家なき子特例が使えない。そこで同居する子供（被相続人からみたら孫）に自宅を贈与しよう。そうすれば私は家なき子だ。

いずれも平成30年度改正前であれば孫は家なき子特例が使えました。しかし現在は前記イに該当することになりますので適用することはできなくなりました。なお，２つ目と３つ目の設問はロにも該当することになります。

【設問】
自宅を友人に売却した後も家賃を払って居住している。

【設問】
私は住宅ローンの返済ができなくなり自分の自宅を差し押さえられて競売されてしまった。今は家賃を払いながら引き続き居住させてもらっている。

これらの設問は，イでは対処できない事例のためにロの規制が設けられています。ほかにも非同族会社に自宅の名義を移して社宅として住み続けるような場合もイを逃れることができますが，ロによって規制されることになります。ちなみにロには３年縛りがありませんので，たとえば相続直前にアパートに引っ越せば家なき子特例が使えることになります。

現行制度では，家なき子特例の節税利用はできなくなりました。

## ７　相続人が外国に住む場合における家なき子特例

家なき子特例は別居を前提とする制度です。最近では相続人が外国に住むことも珍しくない時代になりましたので，相続人が外国に住所がある場合の事例を検討しておきましょう。

相続人が外国に住む場合に関係する納税義務者の区分は以下のようになります。

### ⑴　非居住無制限納税義務者（＝国内財産・国外財産ともに課税）

相続または遺贈により財産を取得した日本国籍を有する個人で，その財産を取得した時において日本国内に住所を有しない者。ただし，被相続人または相続人のどちらかが相続開始前10年以内に日本国内に住所を有したことがある場合に限る。

### ⑵　制限納税義務者（＝国外財産のみ課税）

相続または遺贈により日本国内にある財産を取得した個人でその財産を取得した時において日本国内に住所を有しない者。ただし，非居住無制限納税義務者に該当する者を除く。

⑴の区分を設けることで，国外に住む子供に国外財産を相続・贈与させて日本の相続税・贈与税を免れる節税が防止されています。被相続人・相続人ともに海外で10年超居住していれば，相続人は⑵の制限納税義務者になります。

外国に住所があり，かつ外国籍の相続人は⑵の制限納税義務者になり，国内財産のみが相続税の対象になります。

さて，家なき子特例の適用はどのようになるでしょうか。

【設問】
私は海外に転勤しており外国に住所がある（国籍は日本）。亡くなった父は日本に住んでいたため，私は非居住無制限納税義務者である。母はすでに亡くなっており，父が一人暮らしだった実家を相続した。なお，私は勤務地の外国で持ち家を所有している。

ここでの事例に関係する家なき子特例の要件は以下です。

イ　相続人は３年間，国内の持ち家がないこと（家なき子であること）。
ロ　相続開始時に日本国内に住所を有していること，あるいは日本国籍を有していること

この事例では家なき子特例が適用できます。相続人は持ち家がありますが，

国内のものではないためイの持ち家要件には抵触しません。また日本国籍があるためロの要件も満たします。

【設問1】
相続人は日本国籍があるが，被相続人と相続人は海外に引っ越してともに10年が経過したので，相続人は制限納税義務者に該当する。
【設問2】
相続人は外国人と結婚して外国に住み，かつ国籍も外国である。

制限納税義務者の事例です。設問1は被相続人は国内に住んでいませんので，そもそも国内には被相続人の居住用宅地が存在しません。また設問2は前記ロの要件を満たしません。

## Q23 特定居住用宅地等（生計一親族の特例）

**被相続人が所有する居宅に，被相続人と生計を一にする親族が居住していた場合，80%の減額が認められるそうです。制度の趣旨と具体的要件を教えてください。**

**A** 生計一親族の特例は，被相続人と同一生計の親族の相続後の住まいを保護するための特例です。事例を使って理解するとよいでしょう。

（法令・通達）　措法69の4③二ハ

### 解説

#### 1　生計一親族の特例の位置づけ

##### (1)　被相続人が実家を離れている間に相続が発生した場合

生計一親族の特例は，親が実家を離れている間に，親に相続が発生した場合を保護することが趣旨です。典型的な事例としては，親が転勤で子供を残して実家を離れるような場合です。子供が未成年で生活費を親が送金している状況で親に相続が開始し，親名義の実家をその生計を一にする子供が取得すると80%減額が適用できます。つまり，被相続人が所有する居宅に，被相続人と生計を一にしていた親族が居住しており，その居住する親族が相続や遺贈によって取得した場合の特例です（措法69の4③二ハ）。

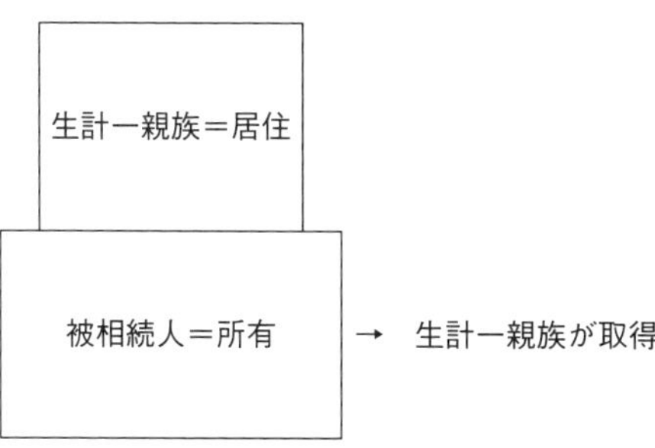

通達による制度として小規模宅地特例がスタートした当初は，被相続人が居住している場合に限っていました。被相続人が自宅を離れている間に相続が発生した場合は救済されなかったのですが，上記のような事例に対応するために生計一親族の特例を準備したわけです。

### ⑵　親名義で買ってあげた居宅が該当する場合もある

あるいはこういう事例も考えられます。仮に東京の大学に通うことになった息子に，親が（親名義で）分譲マンションを購入してあげたような場合です。親に相続が発生し，マンションを息子が相続すれば，その敷地権は特定居住用宅地等に該当します。

⑴の転勤の事例のように，小規模宅地特例は，親が住む実家に適用することを本来予定していると考えられますが，分譲マンションの事例のように実家ではない居宅が80％減額の対象になることもあり得ます。特定居住用宅地等に該当するのは，実家ではなく東京のマンションという逆転現象が起こります。いずれにしても，被相続人と同一生計親族が居住する居宅敷地について80％の減額を認めているわけです。

なお，⑴⑵の事例のいずれの宅地も，被相続人の配偶者が取得すれば特定居住用宅地等に該当します（措法69の４③二柱書）。

## 2　なぜ生計が同一でなければならないのか

なぜ，被相続人と，宅地を取得した親族には同一生計であることが求められるのでしょうか。それを理解するには逆に生計が別の場合を考えるとよいでしょう。親が転勤で子供を残して親名義の実家を離れたとします。実家に住む子供は働いており，生計が別になったらどうでしょうか。親がいなくなった宅地を無償で居住の用に供している。家賃もローンも負担せず生活ができますから減額を認める必要はないのです。

少し話がそれますが，同居していれば，親と子は別に収入があっても同居特例が適用できます。それは，同居している限りは同一生計だからです。同じ風呂に入り同じ電気・水道を使う限りは同一生計です。だからこそ同居特例は収入や資産規模に関係なく適用できるのです。

別居が前提となる生計一特例は，未成年の子を残して親が別居した場合のように，同居から始まった別居を前提にしているといえるでしょう。独り立ちした子が，親の遊休地に家を新築して住む場合，生計一特例が使えることはまずありません。

### 3　居住継続要件と所有継続要件

この特例の要件は，生計一親族が，相続開始前から相続税の申告期限まで引き続きその家屋に居住し，かつ，その宅地等を相続開始時から相続税の申告期限まで引き続き有していることです。なお，親族が申告期限前に死亡した場合は，死亡の日まで所有，かつ，居住していることが要件です（措法69の4③二ハ）。

### 4　生計一親族の居住の用に供されていた宅地等の範囲

この特例が適用されるためには，被相続人と生計を一にする親族は，宅地等または建物を無償で賃借していたことが要件です。

小規模宅地特例は，建物を被相続人以外の親族が所有している状態を否定しません。ただしこの場合は，地代・家賃ともに無償であることが要件になります。

たとえば，建物を，父親と生計を一にする子が所有していた場合は，父（被相続人）から無償で敷地を賃借していたことが要件です。あるいは，建物の所有者が別の親族（たとえば長男）である場合は，その建物に居住していた次男（生計一親族）は，建物を兄から無償で賃借し，兄から父親への地代も無償であることが要件となります。要するにどこかに賃貸借契約が介在してはいけないということです。

地代や家賃の授受があれば，その宅地は居住している人にとって居住用宅地とはいえません。賃貸物件ということになってしまいます。

## Q24 生計一親族の特例の活用事例

被相続人の宅地等を被相続人と生計を一にする親族が取得した場合，特定居住用宅地等に該当しますが，生計を一にしていた親族とはどのような親族をいうのですか。また適用できる事例を教えてください。

**A** 実務で生計一親族の特例が適用できる事例はあまり多くありませんが，適用できるような事例を把握しておきましょう。

### 解説

#### 1 生計を一にする親族とは

租税特別措置法69条の４では定義規定がないため，所得税法基本通達24－７（生計を一にするの意義）を参考にすることになりますが，特定居住用宅地等において生計一親族の判断が必要になるのは，被相続人と宅地を取得した親族が別居している場合です。同居している場合は，同居親族の特例が適用できます。同居していれば必ず同一生計になるため，同居特例においては同一生計の判断をそもそも要求していません。

所得税では，合計所得金額が38万円以下であることなどの要件がありますが，小規模宅地特例の同一生計か否かの判定ではそのような基準がないため，被相続人と親族の所得の規模や生計費の送金状況などを検討し，生計を一にしていたかどうかを判断することが必要になります。

生計一親族の特例では，被相続人が相続人に生計費を送金している場合と，相続人が被相続人に生計費を送金している場合が一応考えられます。

生計費の金額については特に基準はありませんが，被相続人と親族にそれぞれ所得や資産がある場合，通常は別生計になるため生計一親族の特例は適用できません。自らの生計の維持に十分な所得がある子の生活費を，親があえて送金するような場合，「生計一」の状態を作り出すためだけの送金と認定されるリスクがあるでしょう。テクニックで相続税対策を認めることになりますし，そもそもそのような息子を扶養する義務はないため，単純贈与となるからです。

被相続人と別居していた親族が，入院した被相続人の身の回りの世話をしていた，あるいは被相続人の居宅の管理をしていたというだけでは生計を一にしていたとはいえません。裁決事例として，被相続人と別居していた相続人が，被相続人が入院している間，被相続人の預貯金口座からその相続人の生活費とあわせて引き出し，入院費の支払いをしていたことをもって，生計を一にしていたとは認められなかった事例があります（平成20年６月26日裁決）。

資産家の家族において，生計一親族の特例が適用できる事例は，相続人が未成年や学生であったり，相続人に生活できるだけの収入がないような場合に限られるでしょう。

### ２　同居していれば十分な所得があっても生計一

同居している場合は，親と子に十分な所得があっても，生計を一にしていることになります。同居している限りは同じ風呂に入りますから，水道光熱費は共にしており，別の財布で生活しているとはいえません。

事業用の宅地の事例ですが，親子が同居しており，親の宅地で子が商売を営んでいる場合は，ほぼ例外なく生計一親族の特定事業用宅地等に該当します。仮に親子それぞれに十分な所得があっても同居している限りは生計を一にしていることになるからです。

これに対し，生計一親族の特定居住用宅地等は別居が前提ですので，居宅を相続した子が，亡くなった親と生計を一にしていたと認定されるのは，扶養義務がある場合に限ることになるのです。

### ３　実務ではあまり登場しない生計一親族の特例

生計一親族の特例は，特定居住用宅地等の各規定の中では，あまり利用されていないと思われます。親が自宅を離れている間に親に相続が発生し，自宅を同一生計の子が取得する事例はそれほど多くはないでしょう。

高齢化が進む現在は子もそれなりの年齢になっており，親の土地に家を建てて居住する子供には収入がある場合がほとんどだからです。ただ，終身雇用が崩れ，経済的に独立するのが難しくなった時代ですから，就職に失敗した中高年の子供の面倒を最後まで親がみる結果，生計一親族の特例が適用できる事例は増えるのかもしれません。

## 4　適用できる事例

【設問】
母の財産は自宅といくらかの預金のみだ。年金の10万円だけでは生活費が足りないので私が毎月20万円送金している。相続人は息子の私だけなので基礎控除は3,600万円（＝3,000万円＋600万円×１名）であり，小規模宅地特例を適用しなければ相続税が課税される。自宅に生計一親族の特例は使えるだろうか。

親子が経済的に独立している場合に，生活費を送金するだけでは生計一親族の特例が認められないリスクがあるのは1で説明したとおりですが，基礎控除が縮減された平成25年度改正以後は，小規模な相続でも申告義務が生じます。

このような事例では，扶養義務としての送金といえますから生計一親族の特例が適用できるでしょう。

## 5　孫の生活費を祖父母が負担する場合

【設問】
孫は，私名義の居宅に住んでいる。孫の生活費は私が負担している。孫に遺贈で居宅を取得させようと思う。生計一親族の特例が適用できるだろうか。

祖父と孫は相互の扶養義務があります。孫の親に劣後するものではありません。したがって孫の生活費を負担している場合は生計一親族の特例が適用できます。

民法第877条（扶養義務者）
直系血族及び兄弟姉妹は，互いに扶養をする義務がある。
2　家庭裁判所は，特別の事情があるときは，前項に規定する場合のほか，3親等内の親族間においても扶養の義務を負わせることができる。
3　前項の規定による審判があった後事情に変更を生じたときは，家庭裁判所は，その審判を取り消すことができる。

スタッフへのアドバイス

**節税の視点からみた小規模宅地特例**

節税を計算テクニックとして駆使すべきか。税法を知らない納税者は税負担の影響まで考慮した遺産分割の判断を行うことはできません。リスクの高い節税手法であっても，専門家がこうすべきですと説明したら正しい節税行為だと思ってしまいます。節税の視点よりも，納税者の人生を共に考え，専門家としての判断を提供することに専門家の価値があるといえるでしょう。

とはいえ，小規模宅地特例は，ほとんどの場合，正しい節税になる制度です。配偶者を優遇する小規模宅地特例の措置は，配偶者の老後の生活を保護すべきだという高齢化時代の相続に合致しますし，同居する子供や，被相続人の仕送りで生活する同一生計親族が，現に居住する居宅を相続するのは自然なことです。相続税に準備される優遇措置を素直に活用すれば適切な遺産分割になります。民法改正は配偶者保護策を充実させましたが，税法は昔から常識としてそのような思想を条文に実現させているのです。

# 第4章
# 二世帯住宅

## Q25 二世帯住宅の課税問題と平成25年度改正

平成25年度改正で二世帯住宅の取扱いが変わったと聞きます。なぜ，改正が必要だったのでしょうか。

**A** 多様な二世帯住宅が登場し，従来の措置法通達では対応しきれませんでした。そこで，同居の範囲を拡大するとともに法令上の措置とされました。

法令・通達　措法69の４③二イ，措令40の２④⑬，措通69の４－７（注）

### 解説

#### 1　平成25年度改正前の問題点

高齢化社会が急激に進み，都市部でも二世帯住宅が普及しつつあるなかで多様な形態の二世帯住宅が登場しています。たとえばリビングだけを分離し，玄関やキッチン，浴室，トイレは共有とするものから，共有するのは玄関だけでキッチン等の設備はすべて独立するもの，入り口も別で完全に独立しているものまであります。

家の内部で行き来ができたらそれは１軒の家です。二世帯住宅として課税上の問題が生じるのは内部で行き来できないいわゆる完全分離型の二世帯住宅です。小規模宅地特例は建物の利用区分ごとに可否を判定するのが原則ですので，分譲マンションの複数の部屋を所有する場合と同様に，部屋ごとに小規模宅地特例の可否を判定する必要がありました（旧措通69の４－21（廃止））。平成25年度改正で二世帯住宅の実態に応じた取扱いが明確化されましたが，それまでは法令上の配慮はありませんでした。

ただし旧通達には救済措置がありました。①被相続人に配偶者と被相続人が住む独立部分に同居相続人がいないこと，②被相続人と別の独立部分に住む者が同居親族として相続税を申告すること，③被相続人等が建物の所有者であること，という家なき子特例に近い要件がありました（旧措通69の４－21なお書）。

【設問】
被相続人名義の二世帯住宅には，被相続人が１階に住み，長男家族が２階に住んでいた。生計は別である。

この事例では，長男が宅地を相続すれば敷地全体が80％減額の対象になっていました。

しかし，被相続人に配偶者や同居する親族がいる場合には適用できません。それは少し厳しいといえました。また，長男以外の親族が相続する場合も通達には当てはまりませんので原則どおりで判定します。配偶者が取得すると配偶者の特例が適用できますが，その場合１階に対応する部分しか適用対象になりません。

本来は二世帯住宅も通常の一軒家と同様に扱うべきです。そこで，平成25年度改正において，二世帯住宅のような１棟の共同住宅の取扱いについて，法令上の手当てがされました。

## 2　二世帯住宅に住む全員を同居と認める改正（平成25年度改正）

改正によって，内ドアの有無は小規模宅地特例の適用に影響しないことになりました。内部で行き来できないタイプの二世帯住宅でも，居住する親族は全員が同居親族に該当することになりました（措法69の４③二イ）。居住する親族のだれが敷地を取得しても敷地全体が同居親族の特定居住用宅地等に該当することになります。

具体的には，被相続人が親族と各独立部分で別々に居住していた場合であっても，親族が居住していた部分は被相続人が居住していたものと扱うことになりました（措法69の４①，措令40の２④，⑬二，措通69の４－７（注））。つまり同居と認められることになります。

改正前のように，内ドアがあるかどうかで課税関係が変わってしまうのは不合理です。完全分離型でも食事は毎日ともにしたり，身の回りの世話をするなど実態は同居といえる場合が多いでしょう。

**【図表25－１】二世帯住宅に居住していた親族の取扱い**

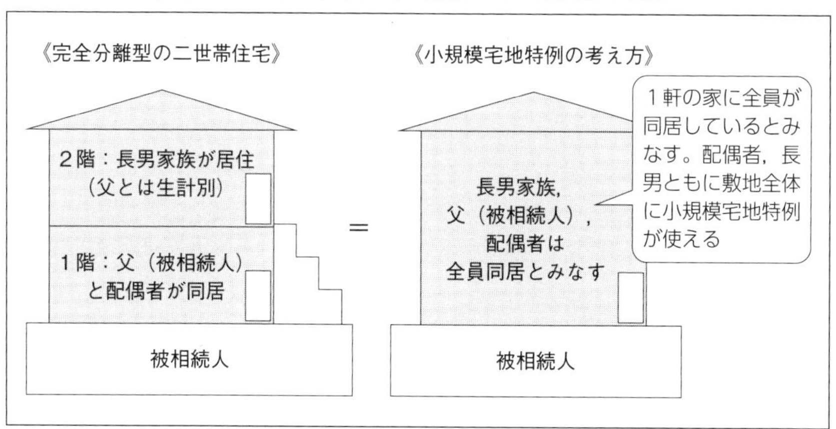


**図表25－１**のようなケースでは，改正前の旧措置法通達では，配偶者がいるため，長男は同居親族の特例は認められませんでしたが，改正後は，配偶者が取得しても長男が取得しても敷地全体が特定居住用宅地等に該当します。

ただし，平成25年度改正で，構造の要件が完全に撤廃されたわけではないことに注意が必要です。建物を区分所有登記している場合は，独立区分ごとに特定居住用宅地等が適用されるものとなり被相続人の居住部分のみが対象になります。

### 3　家なき子特例は適用できるのか

同居特例だけでなく家なき子特例も適用できます。

> 【設問】
> 完全分離型の二世帯住宅で，長男夫婦と父が居住していた。配偶者はすでに亡くなっている。二世帯住宅は転勤中で社宅住まいの次男（家なき子）が相続した。

【図表25－2】完全分離型の二世帯住宅と家なき子特例

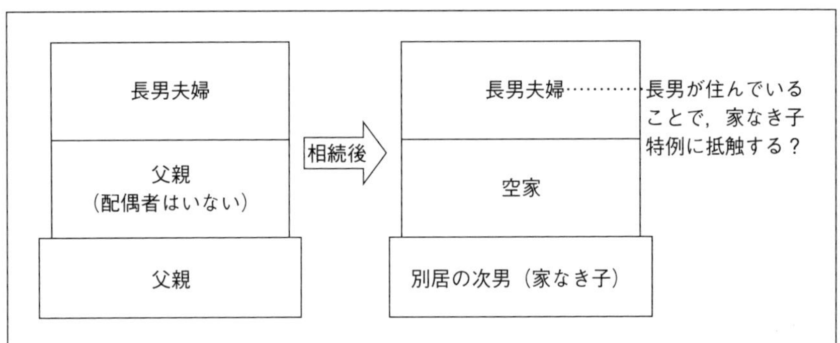


この二世帯住宅を２階に住む長男ではなく，借家住まいの次男が取得したとします。事例では，家なき子特例における配偶者の不存在という要件は満たします。

では，「同居相続人がいないこと」という家なき子特例の要件は満たすでしょうか。というのも，同居特例では，完全分離型の二世帯住宅に居住する親族は，居住している区分に関係なく全員が被相続人と同居していたものと扱います。そうすると，長男は同居相続人に該当すると考えることもできます。

しかし，これについては措置法通達で解釈が示されています（新措通69の４－21）。家なき子特例では，同居親族の概念について，同居特例のような扱いはせず，被相続人が居住していた部屋で実際に同居していたか否かで判定します。事例で長男は同居していた法定相続人には該当せず，次男は家なき子特例が適用できます。

次に，適用できるのは敷地のうち1階対応部分に限るのか，全体が対象になるのかも気になるところです。これについては建物全体が被相続人の居住用であったと扱われますので，敷地全体が家なき子特例の対象になります（措通69の4－7（注））。仮に転勤がなく，次男は被相続人と同居していれば敷地全体に同居親族の特例を適用できていたわけですから，家なき子特例を適用する場合でも同居特例と同様の面積を選択できる取扱いになっています。

家なき子特例が，被相続人と同居する相続人がいないことを要件としているのは，そもそも同居相続人が取得すれば同居特例を適用できるからです。仮に同居相続人がいるにもかかわらず80％減額を認めたら，取得者によって同居相続人が追い出される状況に税制上の優遇を認めることになってしまいます。その点，内部で行き来できない二世帯住宅でしたらその心配は少ないといえます。

### 4　生計一親族が居住する二世帯住宅の敷地

【設問】
完全分離型の二世帯住宅で，父親が1階，子供が2階で居住していた。子供は収入がなく父親と生計を一にしている。父親が転勤で二世帯住宅を離れ1階は空き室になっている。父親に相続があり，子供がこの住宅を取得したら敷地全体が減額対象になるか。

この事例では，相続開始時に二世帯住宅に居住しているのは，被相続人と同一生計の子供ですから，生計一親族の特例（措法69の4③二ハ）が適用できます。しかし，二世帯住宅の特例は，この場合にまで敷地全体に減額を認めていません。

相続開始時に父親が居住していれば同居特例が適用され敷地全体が減額対象になったはずですが，この事例では父親は居住していなかったため，残念ながら2階に対応する部分のみが減額の対象になります。

## Q26 二世帯住宅（区分所有登記がある場合）

二世帯住宅については，区分所有建物の登記があると敷地全体が同居親族の特定居住用宅地等に該当しないと聞きました。なぜ，そのような取扱いになるのですか。

**A** 二世帯住宅を１つの建物とみなした結果，分譲マンションの取扱いを明確化する必要があったことの影響です。

法令・通達　措法69の４③二，措令40の２④⑬，措通69の４－７（注），69の４－７の３，建物の区分所有等に関する法律１

### 解説

#### 1　区分所有建物の登記がある場合

二世帯住宅について，区分所有建物である旨の登記がされていると，被相続人が実際には居住していない独立部分にまで被相続人の居住範囲を拡大する取扱いはなくなります（措通69の４－７の３）。

区分所有建物の登記がなければ，その二世帯住宅を１軒の建物と扱い，そこに居住する親族は全員が同居とみなされるわけですが，区分所有建物である旨の登記があると，被相続人が居住していた専有部分のみが，居住の用に供していた部分として同居親族の特定居住用宅地等の対象になります（措令40の２④）。

なぜ，このような取扱いになったのでしょうか。その理由は，分譲マンションの取扱いの明確化にあります。

#### 2　分譲マンションの取扱いの明確化

二世帯住宅の特例を設けたことで，分譲マンションの取扱いが問題になります。

【設問】
被相続人は分譲マンション２室を所有しており，101号室に被相続人と配偶者が住み，隣の102号室に娘が住んでいる。

いわゆる分譲マンションは，通常，区分所有され複数の所有権の目的となっています。専有部分ごとに別々に取引される権利であり，二世帯住宅とは区別する必要があります。二世帯住宅の特例によって，この事例のような２室ともが同居特例を適用できるとすれば優遇しすぎになってしまいます。

**【図表26－１】分譲マンションの敷地権の取扱い**

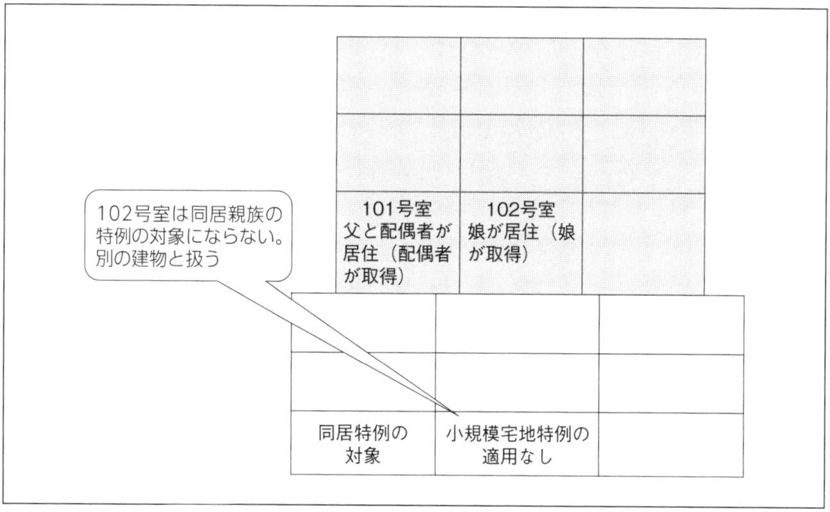

そこで，二世帯住宅と分譲マンションを区分するにあたり，区分所有登記の有無を基準にしました（措令40の２④⑬，措通69の４－７の３）。被相続人が所有していた建物が，建物の区分所有等に関する法律第１条に該当する建物である場合には，二世帯住宅の特例の適用はなくなり，各独立部分につき各々小規模宅地特例の適否を検討することになるわけです。

この事例だと，被相続人の居住用は101号室のみです。配偶者が101号室を相続すれば，その敷地権が80％減額の対象になります。102号室は娘が被相続人と生計を一にしていれば，生計一親族の特例が適用できますし別生計であれば小規模宅地特例の適用はありません。

### 3　区分所有建物の登記をしている二世帯住宅

区分所有登記の有無を採用した結果として，二世帯住宅であっても，区分所有建物の登記があれば，分譲マンションと同様の取扱いをすることになります。内部で行き来できない二世帯住宅に同居特例を認めるための改正によって，分譲マンションの取扱いを明確にする必要ができ，それが区分所有登記をした二世帯住宅に返ってくるわけです。

二世帯住宅に区分所有建物の登記をするのは，銀行借入による抵当権設定の都合や，住宅ローン控除を受けるためです。また，固定資産税や不動産取得税の減額を受けるため，区分登記をするようなケースです。二世帯住宅は，区分所有登記すれば２戸の住宅となり，一定面積以下の要件を満たすこともできます。

### 4　各独立部分をそれぞれ別の建物と考える

二世帯住宅に区分所有建物の登記がある場合は，各独立部分を分譲マンションの各部屋と考えればよいわけです。

**図表26－２**の事例では，同じ敷地に２つの家があると置き換えてみればわかりやすいでしょう。配偶者が二世帯住宅を取得すれば１階対応部分の敷地は配偶者の特例が適用できます。２階部分はどうでしょうか。長男が被相続人の同一生計であれば配偶者の特例の対象になりますが，この事例では別生計ですから適用はありません。

次に長男が取得する場合，１階対応部分は減額の対象になりません。２階対応部分は長男が同一生計であれば，生計一親族の特例が適用可能ですが，この事例では別生計です。結果として小規模宅地特例の適用はないことになります。

いくぶん厳しい結果になります。主税局が積極的に小規模宅地特例を認めないわけではなく，やはり分譲マンションの取扱いが波及してしまったものと位置づけられるでしょう。

【図表26－2】区分所有登記すれば別の建物と考える

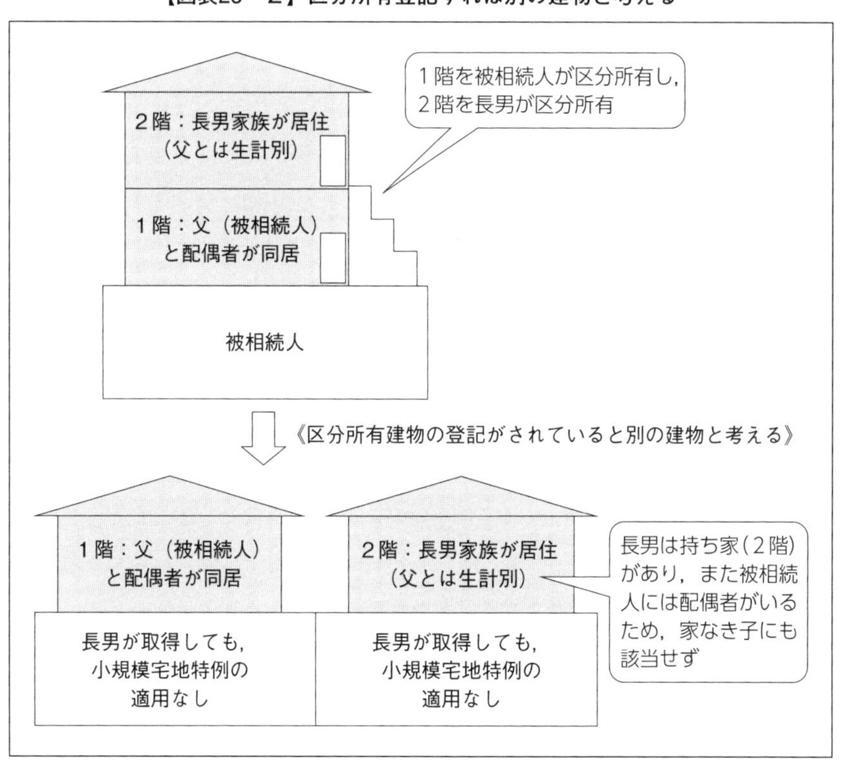

## Q27 二世帯住宅（共有で取得した場合）

完全分離型の二世帯住宅を共有で取得するとどのような取扱いになりますか。区分所有建物の登記がある場合とない場合を検討してください。

**A** 建物の利用状況ごとに，また，宅地を取得した者ごとに判定する必要があります。区分所有建物の登記の有無で敷地の区分が異なってきます。区分所有登記した二世帯住宅の敷地を共有で取得すると不利益になることも多いので注意が必要です。

法令・通達　措法69の４③二，措令40の２④⑬，措通69の４－７⑵注書

### 解説

#### 1　敷地を共有で取得した場合（区分所有登記なし）

まず，区分所有建物の登記がない二世帯住宅の敷地を共有で取得した場合です。入り口が別で内部で行き来できない完全分離型のものであっても，内ドアがある場合と取扱いは同じです。居住している配偶者や相続人は全員が被相続人の同居親族として取り扱うことになっています（措令40の２④）。

この二世帯住宅に居住する親族が，敷地を共有で取得した場合，二世帯住宅でない場合の共有と変わるところはありません。**図表27－１**の配偶者と長男はともに要件を満たすため取得した敷地の持分は特定居住用宅地等に該当します（資産課税課情報第１号「租税特別措置法（相続税法の特例関係）の取扱いについて」の一部改正について（法令解釈通達）のあらまし（情報）（平成26年１月15日）（事例１　区分所有建物の登記がされていない１棟の建物の敷地の場合）参照）。

事例の敷地面積は200㎡ですので，配偶者と長男の各々の持分２分の１（100㎡）はそれぞれ80％減額が可能です。

【図表27－1】区分所有建物の登記がない完全分離型の二世帯住宅は1つの家屋と考える

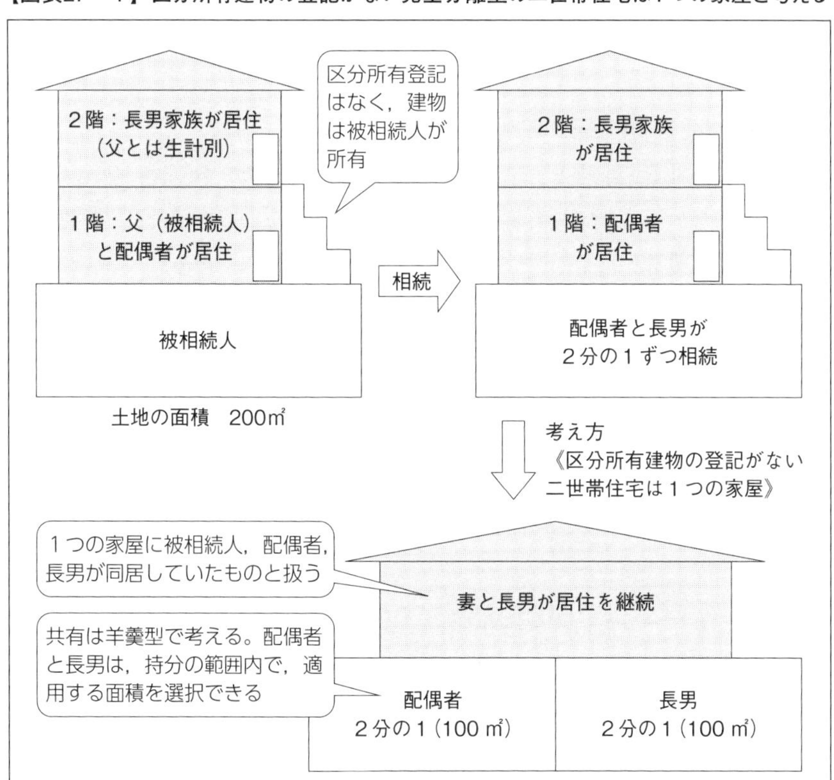


### 2　建物の所有関係ではなく利用区分で判断

建物については誰が取得したかは小規模宅地特例に影響しません。建物が被相続人本人の名義でなく，被相続人の生前から別の親族が所有していた場合も同様です。小規模宅地特例の計算はあくまで利用状況ごとに判断することになります。

たとえば，父親の二世帯住宅の相続について，土地は長男と次男が共有で取得し，建物は長女が取得したような場合でも，建物に誰が居住しているかで判断します。建物がもともと長女が建築したものであったとしても同様です。まず敷地を持分割合で長男と次男に割り振り，各々が利用区分ごと同居特例など小規模宅地特例の計算を行います。

### 3　建物の区分所有登記がある場合の敷地の共有

では次に，共有で取得した二世帯住宅が区分所有建物である旨の登記がされていると敷地の小規模宅地特例はどうなるでしょうか。この場合は，各独立区分に対応する敷地に区分し，さらに共有持分割合を乗じた金額について取得者が各々小規模宅地特例の判定を行います。

> 【設問】
> 父親は，所有する敷地に，息子と共同で建物を建築した。区分所有建物である旨の登記があり，父親と息子はそれぞれの専有部分について区分所有権を登記している。
> 敷地については母親と息子が２分の１ずつ共同相続した。父親と息子は別生計だった。

建物は父と子が生前に区分所有しています。その後父親に相続があり，敷地を母と子が共有で相続しているという事例です。

理解の仕方としては１階と２階対応部分を上下に切り分け，配偶者と息子の持分を縦に切り分けるとイメージしやすいでしょう。

要するに，２階部分に対応する敷地権のうち，配偶者は２分の１の持分を利用し（①），残りは息子から無償で借りている（②）という考え方になり，１階部分のうち，息子は２分の１の持分を利用し（④），残りは母親から無償で借りている（③）という考え方になるわけです（資産課税課情報第１号「租税特別措置法（相続税法の特例関係）の取扱いについて」の一部改正について（法令解釈通達）のあらまし（情報）（平成26年１月15日）（事例２区分所有建物の登記がされている１棟の建物の敷地の場合）参照）。

#### ①　２階に対応する敷地のうち母親の持分

母親は配偶者の特例が適用できます。２階部分に対応する敷地のうち２分の

【図表27－2】区分所有登記がある場合で敷地を共有で取得した場合

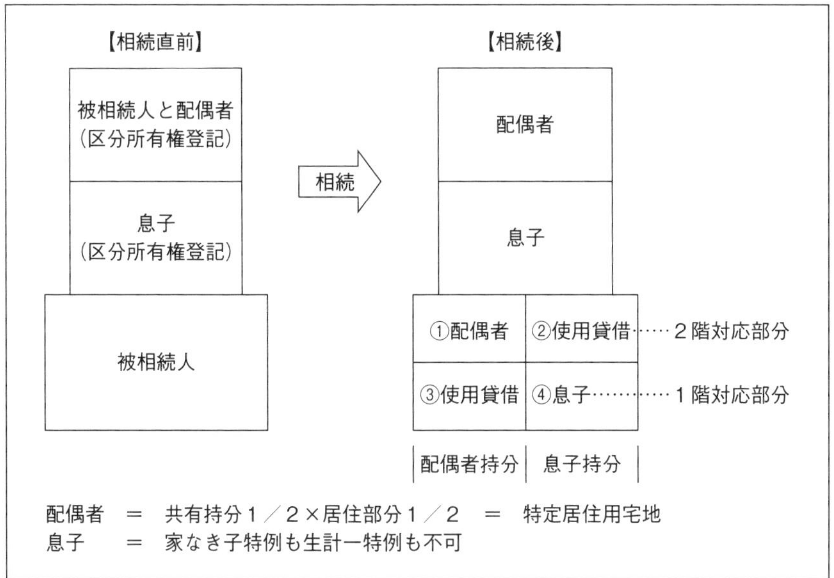


1が母親の持分になり80％減額の対象になります。残りの2分の1は息子から使用貸借していると考えることになります（措法69の4③二柱書，措令40の2⑨）。

### ②　2階に対応する敷地のうち息子の持分

息子は2階に対応する敷地の2分の1を母親に使用貸借で貸しているものと考えます。したがって小規模宅地特例は適用できません。適用するとすれば家なき子特例ですが，配偶者がいるため要件を満たしません。

### ③　1階に対応する敷地のうち母親の持分

母親が1階に対応する敷地のうち自分の持分を息子に無償で使用させていると考えます。したがって小規模宅地特例の適用はありません。息子と父親が相続開始直前に同一生計であれば，配偶者の特例が使えますがこの事例では生計が別ですから適用はありません。

④　1階に対応する敷地のうち息子の持分

息子が小規模宅地特例を適用するとすれば，父親と生計を一にする親族である必要があります。事例では生計が別なので小規模宅地特例の適用はありません。

区分所有登記がない1の場合に比べて不利益になることがわかります。これを解消するには区分所有登記された二世帯住宅を同一登記にすることを検討します。区分所有者が複数である場合は贈与税負担に配慮し共有登記することになります。

また，区分所有登記された複数の建物を1軒の建物にする合併登記がありますが，この場合は，所有者が同一人物でなければならないので，複数の区分所有者がいるときは1人の名義になるため贈与税の問題が生じます。

## 4　裁決事例も同様の考え方を採用

【設問】　平成28年9月29日裁決
小規模宅地等の特例について，建物が区分登記され，各々が独立して生活できる構造になっている場合，被相続人が居住していた当該建物の区分所有に係る部分の敷地のみが被相続人の居住の用に供していた宅地に当たるとした事例（平成22年10月相続開始に係る相続税の各更正の請求に対する各更正処分・棄却）

区分所有登記した二世帯住宅の敷地を兄弟が共有で取得したこの事例では3で検討した考え方が採用されています。

弟は同居親族として小規模宅地特例を適用しました。持分全体（119.19㎡）を減額の対象にして申告しました。しかし，面積按分が必要であるとして以下の面積が減額対象と認定されました。

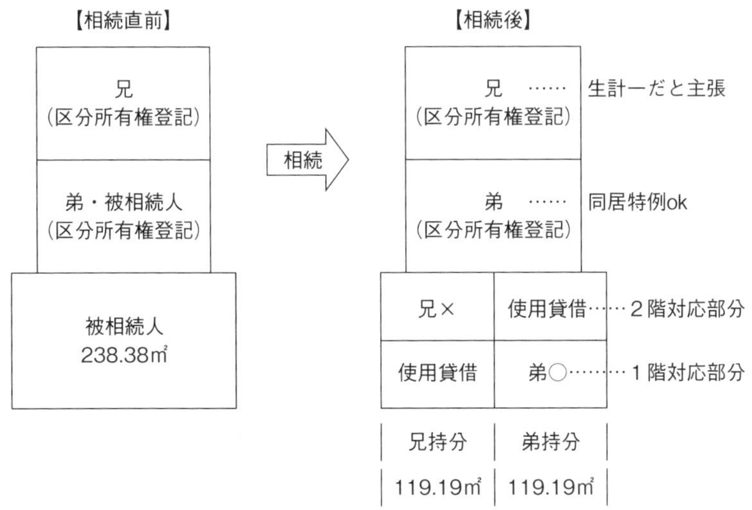


$$\text{特定居住用宅地} = \frac{119.19\text{㎡} \times 1\text{階面積}}{(1\text{階面積} + 2\text{階面積})}$$

なお，兄は生計一親族として自分の持分全体（119.19㎡）に小規模宅地特例を適用しました。週末は兄の妻が被相続人の食事を作り，入院時の身の回りの世話をしていたので生計一だと主張しましたが，生計一親族には該当しないとされました。

## 5　相続後の敷地権の登記で問題を解消する

【設問】
父親は自分が所有する敷地に息子と共同で建物を建築した。父親と息子はそれぞれの専有部分について，区分所有権を登記している。父親に相続が発生し，母親と息子は，宅地の2分の1を共有で相続した後，敷地権を登記した。

共有による不利益を避けるため，敷地権を登記すれば以下の図のように上下にきれいに切り分けられます。お互いの使用貸借部分はなくなり，分譲マンション２部屋を相続したのと同じになります（「資産課税課情報第18号　平成22年７月13日　４マンションの区分所有権の数戸を取得した場合」参照）。

この事例では２階対応部分全体が減額対象になります。１階部分は息子が被相続人と同一生計の親族であれば，生計一親族の特例が適用できますが，別生計だと小規模宅地特例の適用はありません。

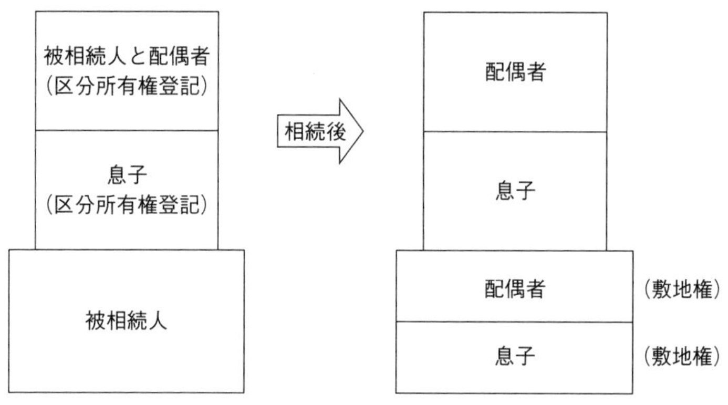


ただ，敷地権を登記すると，２次相続で息子が配偶者の所有部分を相続した場合に同居特例が使えません。そう考えると，区分所有登記を解消し同一登記する方がよいと思いますが，それができない場合は，敷地権の登記も検討の余地があります。

## 6　疑問点

ここまで区分所有登記の有無によって小規模宅地特例の適用対象が変わることを確認しました。しかし敷地権の登記の有無によって，小規模宅地特例の対象範囲が変わるのは違和感があります。そもそも敷地権は，区分所有法に基づく概念です。登記してもしなくても，建物を区分所有する限り，敷地利用権があります。登記の有無で，敷地利用権の性格が変わるとは思えません。

仮に10人で共有する土地に，10人の区分所有建物を建築したら，10人が相互に土地を使用貸借しあうという状況が生じることになりますが，このような結果が妥当とは思えません。本来は，敷地権の登記がない場合でも**5**と同様の取扱いにすべきと考えます。

●建物の区分所有等に関する法律　第2条第6項
この法律において「敷地利用権」とは，専有部分を所有するための建物の敷地に関する権利をいう。

●不動産登記法　第44条1項第9号
建物又は附属建物が区分建物である場合において，当該区分建物について区分所有法第2条第6項に規定する敷地利用権（登記されたものに限る。）であって，区分所有法第22条第1項本文（同条第3項において準用する場合を含む。）の規定により区分所有者の有する専有部分と分離して処分することができないもの（以下「敷地権」という。）があるときは，その敷地権

**スタッフへのアドバイス**

**遺産分割に参加する税務署長**

遺産分割に参加するのは相続人だけではありません。税務署長も参加します。税務署長は，申告期限から10カ月以内に「相続税」という名の相続分を現金で要求します。税務署長は取り分の期限を待ってくれることはなく，少しでも遅れると遅延損害金や利子（加算税や延滞税）を要求します。遺産分割協議には参加しないのですが，申告後，自分の相続分が正しく計算されているかを厳格にチェックします（税務調査）。

つまり，税務署長の取り分を無視した遺産分割や，遺言書の作成はできません。遺産分割には常に税務署長の取り分を意識する必要があるのです。

## Q28 二世帯住宅（多様な形態の建物への応用）

被相続人が分譲マンションの複数戸を所有しており，それぞれに被相続人や親族が居住していた場合や，被相続人が経営していたビルの数室に被相続人等が居住していた場合の特定居住用宅地等の考え方を教えてください。

**A** 考え方はこれまでに検討してきた二世帯住宅の考え方と異なるところはありません。

法令・通達 措法69の４③二，措令40の２④⑬

### 解説

#### 1 分譲マンションの取扱い

マンションのような区分所有建物の場合，敷地権が小規模宅地特例の対象となります。敷地権は専有部分を売買すれば一緒に移転するため，建物の利用状況によって敷地権ごとに小規模宅地特例の判定を行うことになります。

> 【設問】
> 被相続人は，分譲マンションのうち101号室，102号室，505号室を所有しており，以下のように利用されていた。

配偶者が取得した101号室の敷地25㎡（＝1,000㎡×1/40）のみが特定居住用宅地等に該当します。路線価評価額が500万円とすると減額は440万円です。102号室には小規模宅地特例の適用はなく，505号室は貸付事業用宅地等に該当します。なお，505号室の敷地権25㎡は，貸家建付地評価を行います。貸家建付地評価額が440万円とすると，その50％である220万円が減額されます。

限度面積の調整を確認しておきましょう。

$$\text{特定事業用宅地等0㎡}\times\frac{200}{400}+\text{特定居住用宅地等25㎡}\times\frac{200}{330}+\text{貸付事業用宅地等25㎡}\leqq 200\text{㎡}$$

∴限度面積以内なのでOK

**【図表28－1】被相続人が分譲マンションの数室を所有していた場合**

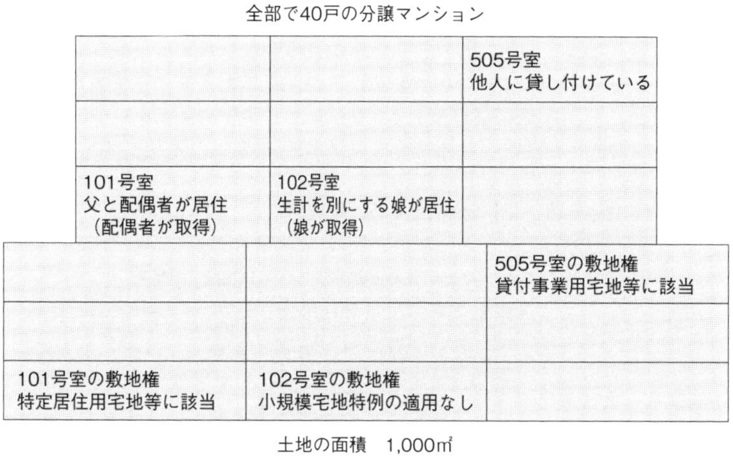

全部で40戸の分譲マンション

| | | |
|---|---|---|
| | | 505号室<br>他人に貸し付けている |
| | | |
| 101号室<br>父と配偶者が居住<br>（配偶者が取得） | 102号室<br>生計を別にする娘が居住<br>（娘が取得） | |

| | | |
|---|---|---|
| | | 505号室の敷地権<br>貸付事業用宅地等に該当 |
| | | |
| 101号室の敷地権<br>特定居住用宅地等に該当 | 102号室の敷地権<br>小規模宅地特例の適用なし | |

土地の面積　1,000㎡

101号室，102号室の敷地権の評価額：500万円

505号室の敷地権の評価額440万円（貸家建付地評価）

## 2　二世帯住宅における敷地権の登記

二世帯住宅について区分所有建物の登記がある場合に，敷地権の登記があれば，小規模宅地特例の対象面積は分譲マンションと同様になります。実際には，二世帯住宅について敷地権が登記される事例は少ないと思われます。たとえば，親が単独で所有する土地に二世帯住宅を新築し，親と子が折半で建築資金を負担して建物を区分所有登記した場合に，敷地権を登記してしまうと贈与の問題が生じてしまうからです。

通常は子が建物を区分所有登記する場合でも，敷地権の登記をしなければ敷地は親との使用貸借になります。区分建物表題登記の際に，分離処分を可能とする規約証明書を添付すれば敷地権の登記はされません。この場合は，区分建物と敷地利用権とを分離して処分することも可能になります。

## 3　被相続人がビル経営を行っている場合

【設問】
被相続人である父親はビルを所有しており501号室に居住し，502号室には娘が居住していた。また，１階では父親がコンビニエンスストアを営んでおり娘が承継している。他の部屋は貸付用であった。

**【図表28－２】被相続人がビル経営を行っていた場合**

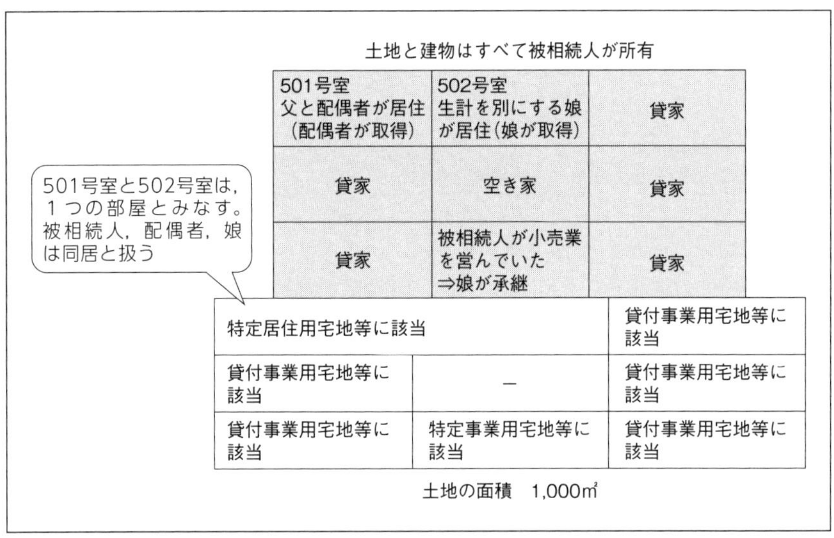


被相続人がビル経営を行っており，各部屋を貸し付けていたが，その１室に被相続人が居住し，他の数室に親族が居住していたような場合は，親族居住部分は同居親族の居住部分としての取扱いになります。区分所有建物の登記がない二世帯住宅と同じ取扱いです。

つまり，被相続人と親族が居住していた部分はすべて，同居特例の対象になります。それ以外の部屋は，利用区分ごとに特定事業用宅地等や貸付事業用宅地等に該当するかを検討します。

# 第5章
# 有料老人ホームに入居した場合

## Q29 有料老人ホームに入居した場合（平成25年度改正はなぜ必要だったか）

有料老人ホームについては，平成25年度改正以後の取扱いはどのようになりましたか。

**A** 「終身利用権」の取得の有無，というそれまでの実務における運用基準要件を廃止しました。改正後は，老人ホーム入居後の留守宅の取扱いが法令とされたことにより新たな論点も出現しています。

（法令・通達）措法69の4①③，措令40の2②③，措通69の4－7(2)，国税庁HP質疑応答事例（老人ホームへの入所により空家となっていた建物の敷地についての小規模宅地等の特例）

### 解説

#### 1　平成25年度改正前の問題点

老人ホームへの入所で自宅が空き家になってしまうと，留守宅は被相続人の居住用ではなくなってしまいます。平成25年度改正以前は，留守宅に親族が住んでいても同居特例の対象にはなりませんでした。しかし，老人ホームに入所するというのは，入院して亡くなるのと変わりません。法令で整備されたのは平成25年度改正以後です。

平成25年度改正前においても，国税庁HP質疑応答事例（「老人ホームへの入所により空家となっていた建物の敷地についての小規模宅地等の特例」）によって救済措置がありました。

ポイントは，被相続人が介護を受ける必要があったこと，自宅の維持管理が行われていたこと，「終身利用権」を取得していないことでした。

このような条件を満たす場合には，被相続人は自宅での生活を望んでおり，病気治療のため病院に入院した場合と同様な状況にあるものといえますので，生活の拠点は入所前に居住していた自宅にあったとみることができます。しかし終身利用権を取得していると元の住宅に小規模宅地特例が認められないのは不合理でした。

平成23年８月26日東京地裁判決

被相続人らは，両名共に介護を必要とする状況となったところ，本件家屋において原告らの介護を受けて生活することが困難であったことから，終身利用権を取得したうえで本件老人ホームに入居したもので，その健康状態が早期に改善する見込みがあったわけではなく，また，本件家屋において原告等の介護を受けて生活をすることが早期に可能となる見込みがあったわけではなかったのであって，少なくとも相当の期間にわたって生活することを目的として老人ホームに入居したのである。

被相続人らが，老人ホームに入居した後も，家屋に家財道具を置いたまま，これを空き家として維持しており，電気および水道の契約も継続していたことを考慮しても，相続の開始の直前における被相続人らの生活の拠点が老人ホームにあったことは明らかというほかない。

この裁決は，現行税制であれば問題なく小規模宅地特例が認められる事例です。そもそも老人ホームからの在宅復帰率は現実的にはほぼゼロに近いでしょう。今は多様な老人ホームがあり契約形態も様々ですから，終身利用権の有無で区別するのは矛盾しています。

長期入院の末亡くなる場合だと入院期間の長短を問わず自宅に小規模宅地特例は適用できますから，これと比べても不合理です（国税庁HP質疑応答事例「入院により空家となっていた建物の敷地についての小規模宅地等の特例」参照）。

この考え方では，介護が必要になり老人ホームに入所した場合はダメで，病院への入院が必要になった場合はOKということになります。このように小規模宅地特例の可否が異なるのは問題があるといわざるを得ず，改正が必要だったといえるでしょう。

## ２　平成25年度改正で不合理が解消

平成25年度改正によって，平成26年以後の相続からは，在宅復帰を予定していたかどうかは問われないことになりました。要件は，介護の必要から老人ホームに入所したことです。終身利用権を取得していても，元の自宅の敷地は被相続人の居住用宅地と扱うことになりました。

具体的には，被相続人が以下の住居または施設に入所していた場合には，引き続き，老人ホーム入所直前まで居住していた元の自宅は，被相続人の居住用の宅地等に該当するものとされました（措令40の２②）。

⑴　認知症対応型老人共同生活援助事業が行われる住居，養護老人ホーム，特別養護老人ホーム，軽費老人ホームまたは有料老人ホーム
⑵　介護老人保健施設
⑶　サービス付き高齢者向け住宅
⑷　障害者支援施設，共同生活援助を行う住居（精神障がい者の自立生活を支援することを目的とするグループホームが該当）。

老人ホームの範囲は，上記のようにサービス付き高齢者向け住宅やグループホームまで広く認められています。なお，⑴から⑶については，被相続人が要介護または要支援認定を受けていたことが要件であり，⑷については障害支援区分の認定を受けていたことが要件です。要介護等の認定は，相続開始直前で判定します。したがって，被相続人が老人ホームに入所する時点では要介護認定を受けていない場合であっても，被相続人の相続開始直前において，要介護認定を受けていればよいということになります（措通69の４－７の２）。

【図表29－1】被相続人の居住が継続していると考える

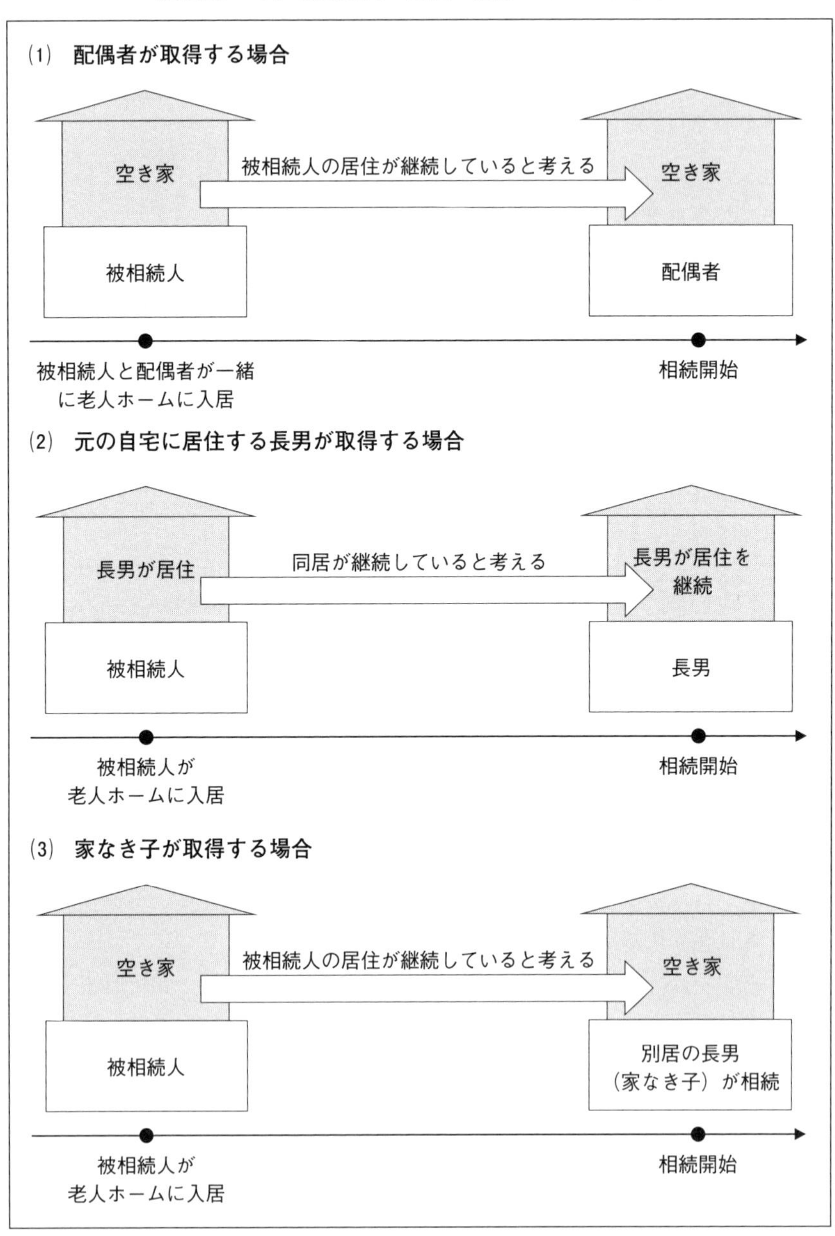

## ３　居住の延長の概念を採用

被相続人が老人ホームに入所しても，元の自宅は被相続人の居住が継続していたと考えるため，元の自宅を配偶者が相続すれば，その敷地は特定居住用宅地等に該当することになります。元の自宅に居住している親族が相続すれば，同居親族の特例が適用できることになります。さらに，居住している親族がおらず空き家になっていれば，借家住まいの親族が相続することで家なき子特例が適用できることになります。

## ４　元の自宅が特定居住用宅地等に該当しなくなる場合

ただし，被相続人にとって戻るべき自宅とはいえない状況になれば小規模宅地特例の適用はなくなります。

被相続人やその生計一親族以外の者が元の自宅に引っ越してきたり，事業の用に供した場合とされています（措令40の２③）被相続人が老人ホームに入所して空き家になった留守宅に，生計を別にする子供が引っ越してきた場合や，留守宅を貸家にしてしまう場合が該当します。被相続人の居住延長の扱いがそこで切断し，老人ホームが生活拠点になったと考えるわけです。その時点で被相続人の居住の用に供されていた宅地ではなくなります。

## ５　老人ホーム入所後に生計別になってしまう場合もOK

老人ホームの特例を検討するにあたり微妙に不安があるのが，入所後は自宅に残された家族とは生計が別になってしまうのではないかというものです。

【設問】
父親が要介護認定を受けて有料老人ホームに入所した。それまで同居していた息子である私には収入があるので入所後は生計が別ということになる。父親が亡くなると私は同居特例を適用できるのだろうか。

同居していれば資産や収入に関係なく同一生計です。しかし，留守宅に住む家族に所得があれば，老人ホームに入所後は生計が別になるのが通常です。留守宅に別生計の親族が住んでいるとなると，被相続人の居住が切断する4の事由に該当し，小規模宅地特例は使えないのではないかとの疑問です。この点については，老人ホーム入所前から同居していた親族については，入所後に別生計になっても，被相続人の居住用との取扱いが切断しないことが政令および通達で確認できます（措令40の2③，措通69の4－7(2)かっこ書）。

したがって，同居していた親族が被相続人の老人ホーム入所後，引き続き居住している限り，生計を一にしているかどうかは問われることなく同居親族の特例を適用することができます。

**スタッフへのアドバイス**

**改正後の家なき子特例の節税利用**

節税目的で孫に居宅を取得させる，この手法が改正で禁止されましたが，独立してアパート住まいを開始してから3年を経過している孫は，祖父母の居宅を遺贈で取得すれば家なき子特例が適用できます。ただ，この場合の孫は本当に家なき子ですから，そもそも不当な節税とはいえません。

では，持ち家のある子供や，子供と同居する孫に，親の居宅を残す場合に家なき子特例は使えないのでしょうか。これはいくら考えても抜け穴的な利用が思いつきません。その意味では節税封じの改正には成功したといえるでしょう。

## Q30 老人ホームに入居した場合の事例検討

入居保証金が１億円を超えるような高級老人ホームでも，元の自宅は特定居住用宅地等に該当するのでしょうか。また，元の自宅に別生計の親族が新たに居住した場合でも小規模宅地特例は適用できますか。

**A** 老人ホームが，老人福祉法等に規定する住居や施設であれば，すべて対象になります。

また，入所後の自宅に新たに入居した親族によって，小規模宅地特例の適用の有無が変わってきます。

法令・通達　措法69の４①③，措令40の２②③，措通69の４－７(2)

**解説**

### １　老人ホームの種類は問わない

有料老人ホームは，介護付き有料老人ホーム，住宅型有料老人ホーム，健康型有料老人ホームに区分することができます。介護付きか否か，居室の広さや設備，娯楽施設の設置などは様々で，認知症対応型で共同生活介護を行うものから，自立して生活することを前提とし，介護が必要となった場合には訪問介護など外部の在宅介護サービスを利用するものまで多様なものがあります。

たとえば，入所保証金が１億円を超えるような介護付き有料老人ホームでは，プールやジムが完備され，ホテル並みのコンシェルジュサービスが受けられます。このような高級老人ホームへの入所は，転居したのと変わりません。元の自宅が特定居住用宅地等に該当するのか気になるところですが，措令40条の２第２項では，老人ホームの形態を限定していません。要介護認定を受けている限り元の自宅は特定居住用宅地等に該当します。逆に，介護を必要とする状態で老人ホームに入所しても要介護認定がなければ要件は満たさないことになります。

なお，都道府県知事への届出がない施設に入所した場合は，老人ホームの特例が適用できず小規模宅地特例の対象となりません。平成30年６月30日時点で，届出施設数13,354件に対して未届の施設が899件との報告があるため（平成31年３月29日厚生労働省「有料老人ホームを対象とした指導の強化について　平成30年度 有料老人ホームを対象とした指導状況等のフォローアップ調査（第10回）結果」）注意が必要です。

## ２　ホーム入所後の事例検討

被相続人が老人ホームに入所した後の留守宅に，別生計の親族が引っ越してきて新たに居住する場合や，事業用に転用した場合は，被相続人にとって戻る可能性のある自宅とはいえなくなります。そのため，その時点で被相続人の居住用宅地ではなくなります。

留守宅に住むことが可能なのは，老人ホーム入所前から同居していた親族と，被相続人と生計を一にしていた親族です（措令40の２③）。被相続人の居住用宅地に，これらの親族が居住するのは不自然なことではないからです。

### ①　同居親族が引き続き居住する場合

【設問】
父親が老人ホームに入所した後，同居していた長男家族は父親が亡くなるまで引き続き居住していた。父親名義の居宅は長男が取得した。

長男は入所前から同居していた親族であり同居特例を適用できます。相続税法上は被相続人と長男の同居が入所後も続いていたものと考えます（措通69の４－７(2)）。

### ②　ホーム入所後に相続人が転勤した場合

【設問】
父親と長男は同居していたが，父親が老人ホームに入所した。さらにその後，転勤で長男は留守宅を離れることになった。父親が亡くなったため，長男が留守宅を取得した。長男は社宅住まいである。

父親は亡くなるまで自宅に居住していたものと扱います。父親が住んでいた住宅が空き家になり，それを家なき子である長男が取得していますので，家なき子特例を適用することができます。もともと同居していた長男がいずれ戻ってくる実家として保護されます。

### ③　転勤した同居家族が戻ってきたらアウト（疑問あり）

【設問】
父親と長男は同居していたが，父親が老人ホームに入所した。さらにその後，転勤で長男は留守宅を離れることになった。数年後，転勤が解消し長男は留守宅に戻ってきた。転勤中は別生計であり，留守宅に戻ってからも別生計のままである。その後，父が亡くなったが小規模宅地特例は適用できないと言われた。

この事例では長男は家なき子特例が使えません。別居親族が留守宅に引っ越してきたことになるからです。子供は仕事を持っていますから，転勤中は父親と同一生計とみることはできません。

しかし，このような取扱いには疑問があります。長男はもともとは父親と同居していた家族です。留守宅に戻ってきたからといって父親が戻るべき居宅でなくなることにはならないでしょう。空き家のまま相続が発生すれば家なき子特例が使えるのに，相続開始前に転勤が解消したら不適用になるのは不合理です。改正を期待したいところです。

### ④　別生計の親族が留守宅に引っ越してきた場合

【設問】
父親が老人ホームに入所した後は，居宅は空き家になったが，別生計の長男が留守宅に引っ越してきた。その後も生計は別だった。

生計が別の親族が引っ越してきて新たに居住しています。父親にとっては戻る可能性のある自宅とはいえなくなります。老人ホームに生活拠点が移ったことになり，長男が居宅を相続しても小規模宅地特例は適用できません。

もちろん，現実には子供が戻ってきたからといって親が戻れなくなる事例ばかりではないでしょう。空いている部屋があれば子供が住んでもよいはずです。しかし税法条文でそこまできめ細かく規定することは難しいため，同一生計でない限り，長男は小規模宅地特例を適用できません。

### ⑤ 生計を一にする別居親族が留守宅に引っ越してきた場合

【設問】
父親が老人ホームに入所した後，東京の大学に通うため居宅を離れていた孫が留守宅に戻ってきた。孫は父親（孫の祖父）に生活費を頼っており同一生計である。父親が亡くなり，留守宅は転勤で社宅住まいの長男（孫の親）が取得した。

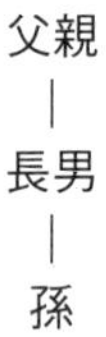


留守宅に戻ってきた孫は，父親と生計を一にしている親族です。孫が戻ってきたことで父親の居住用宅地でなくなることはありません。留守宅を取得した長男は社宅住まいですので，家なき子特例が適用できます。孫は同居相続人には該当しませんので家なき子特例の要件に抵触することはありません。なお，孫が遺贈によって居宅を取得した場合は生計一親族の特例が適用できます。つまり，この事例は，被相続人の居住用宅地にも，生計一親族の居住用宅地にも該当する事例です。

## 3　夫婦で老人ホームに入居した場合の論点

【設問】
平成30年に，父と母は一緒に老人ホームに入居した。それまで住んでいた父名義の居宅には同居していた息子が引き続き居住している。
（1次相続）令和2年に父が亡くなり，自宅は母が相続した。
（2次相続）令和3年に母が亡くなり，自宅は息子が相続した。

1次相続は父が有料老人ホームに入居する直前まで自宅で居住していましたので，老人ホームの特例によって母が小規模宅地特例を適用することに問題はありません。

この事例のポイントは2次相続です。母は老人ホームに入居中に父から自宅を相続していますので，自分が所有者になってから一度も居住することなく亡くなっています。息子が相続した宅地には老人ホームの特例が適用できるのでしょうか。つまり，母が居住の用に供していた宅地といえるのでしょうか。

この点については，母も父と同様に，老人ホームに入居する直前まで自宅に居住していましたから，息子が小規模宅地特例を適用することが可能です。自宅に居住していたときに所有者だったかどうかは条文上問われていません。国税当局の文書回答事例にそのような解説があります（国税庁HP　東京国税局文書回答事例「老人ホームに入居中に自宅を相続した場合の小規模宅地等についての相続税の課税価格の計算の特例（租税特別措置法第69条の4）の適用について」）。

また，この事例のように親子3人が同居していた居宅について，2次相続で小規模宅地特例を認めないとする理由もありませんので，適用できるとする解釈は妥当だと考えます。

## Q31 二世帯住宅に居住していた被相続人が老人ホームに入居した場合

二世帯住宅に居住していた被相続人が老人ホームに入居した場合については，小規模宅地特例は適用できますか。事例で説明してください。

**A** たとえば二世帯住宅の１階に居住していた被相続人が老人ホームに入居し，そのまま在宅復帰することなく相続が発生したような場合の老人ホームの特例の論点を検討します。

法令・通達　措法69の４③，措令40の２④⑬，措通69の４－21，69の４－７(2)

### 解説

**1　完全分離型の二世帯住宅から老人ホームに入居した場合**

二世帯住宅は，内部で行き来できる構造のものである場合についてはあくまで１軒の家ですから，通常の老人ホームの事例と変わるところはありません。入所後に，同居していた親族が取得したら同居特例が適用できますし，持ち家のない別居親族（家なき子）が取得したら家なき子特例の適用も可能です。

論点が生じるのは，内部で行き来できない完全分離型の二世帯住宅の場合です。この場合も区分所有建物の登記がなければ，１つの家に家族全員が同居していたことになります。被相続人が老人ホームに入居している場合は，そのまま相続開始まで同居が継続していると考えます。この二世帯住宅の敷地を，配偶者が取得すれば配偶者の特例が選択できます。長男が取得すると同居親族の特例が受けられることになります（**図表31－1**(1)）。

別居の持ち家のない親族が相続すると家なき子特例が適用できます。家なき子特例ですので，被相続人の配偶者と同居相続人がいないことが要件です（**図表31－1**(2)）。二世帯住宅における家なき子特例の適用にあたっては，２階の長男は同居相続人とは扱いません（措通69の４－21）。また，２階に係る敷地を含め敷地全体が特定居住用宅地等の対象になります（P.118参照）。

**【図表31－1】完全分離型の二世帯住宅と老人ホームへの入居**

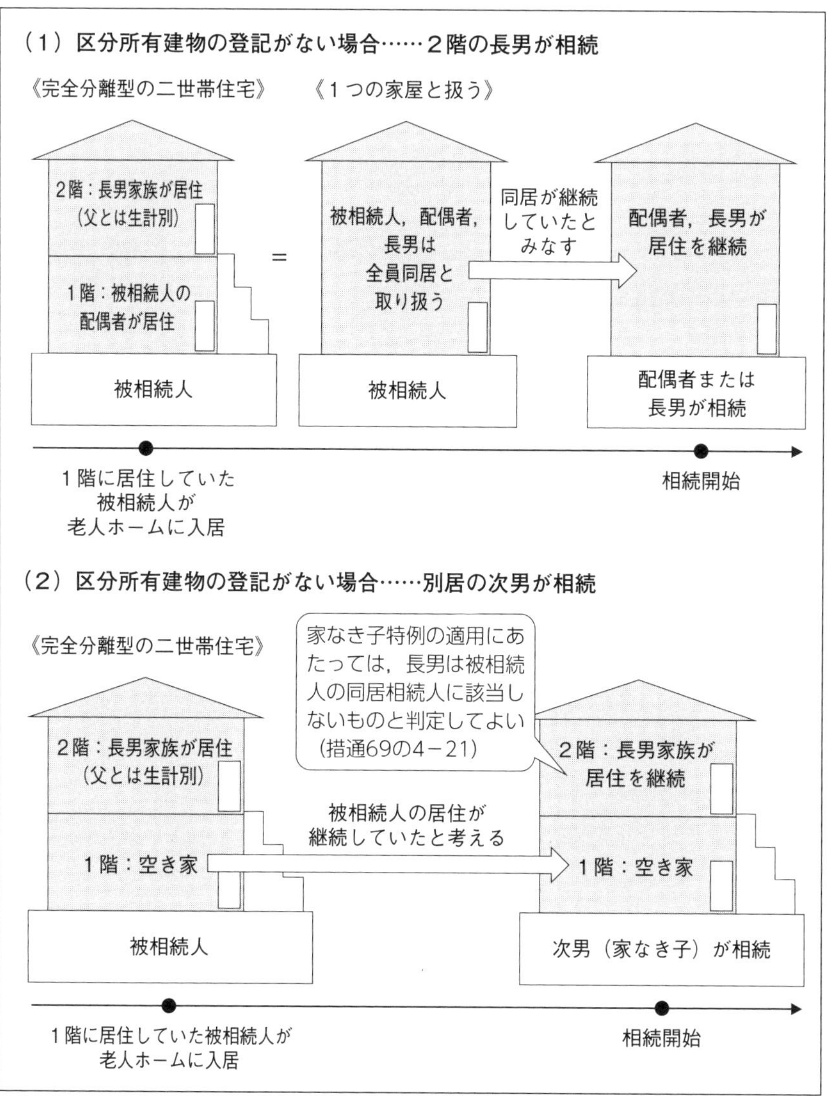

## 2　区分所有建物の登記がある場合

【設問】
区分所有登記をした二世帯住宅の１階に父親が１人で住み（妻はすでに亡くなっている），２階には長男夫婦が住んでいた。父親が有料老人ホームに入居しそのまま自宅に戻ることなく相続が開始した。

区分所有登記があれば，小規模宅地特例の適用上，１階と２階は別の建物と考えるため，被相続人居住部分のみが被相続人の居住用の宅地等になります。１階に居住していた被相続人が老人ホームに入居しているため，老人ホームの特例によって１階は相続開始時においても被相続人の居住用宅地と考えます。

次男（家なき子）が二世帯住宅を取得すると，１階部分に対応する敷地のみ家なき子特例が適用できますが，２階に対応する部分は小規模宅地特例の適用はありません（**図表31－２**）。

長男が取得すると，２階部分は生計別親族の居住用宅地に該当するので減額はありません。では１階部分はどうでしょうか。１階部分に被相続人が一人暮らしで，２階の建物が長男の名義ではないのであれば，長男は持ち家がありませんので，家なき子特例を適用する余地があります。しかし，平成30年度改正以後，３親等内の親族名義の家に住んでいる者は家なき子に該当しませんので，２階区分の所有者が長男であれ父親であれ，家なき子特例は適用できません。なお，経過措置により令和２年３月31日までに相続が開始していれば家なき子特例が適用できます。

**【図表31－2】区分所有登記がある場合**

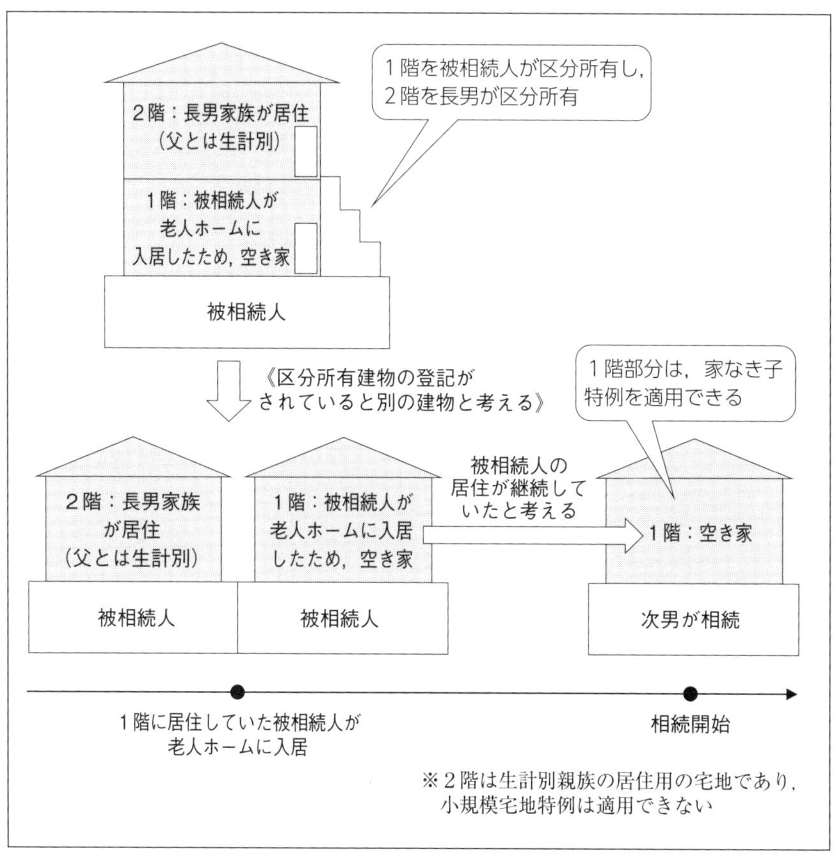

# 第6章 特定同族会社事業用宅地等

## Q32 特定同族会社事業用宅地等の概要

特定同族会社事業用宅地等とはどのような宅地等が該当するのですか。

**A** 特定同族会社事業用宅地等の特例は，個人で営む家業を法人成りした後にも小規模宅地特例を認めるための特例です。事業用の宅地であることが小規模宅地特例の前提ですから，宅地等または建物を有償で賃貸していることが前提となります。

法令・通達　措法69の4③三，措令40の2⑯⑰⑱，措通69の4－23，24

### 解説

#### 1　特定同族会社事業用宅地等とは

個人で事業を営んでいた場合は個人名義の宅地には特定事業用宅地等の特例が選択できます。これに対し，特定事業用宅地等の特例は，同族会社の事業の用に供される宅地が個人名義である場合が対象になります。想定するのは，個人事業を法人成りしたのちに土地を法人に賃貸することです。

特定同族会社事業用宅地の要件はシンプルです。相続前の要件として，相続人とその親族が支配する同族会社に土地あるいは建物を賃貸していたこと，相続後は土地を相続した後継者が役員となることです。親族によって支配されている同族会社の家業としての事業を保護するのがこの特例の趣旨です。

① 相続開始直前において被相続人とその親族が法人の発行済株式の50％超を有している法人の事業の用に供していること
② 宅地等を相続または遺贈で取得した個人が，相続税の申告期限にその法人の役員であること
③ 宅地等を申告期限まで継続保有し，かつ法人の事業の用に供していること

端的にいえば，この特例は，貸付先が同族会社である場合に適用される貸付事業用宅地等の例外と位置づけられます。事業用の宅地であることが小規模宅地特例の基本的な前提ですから，相続前においては宅地あるいは建物を有償で同族会社に賃貸していることが前提になります（措通69の４－23)。無償で使用させていたら，被相続人の事業用宅地とはいえません（措通69の４－４)。また，被相続人が親族と合わせて発行済株式の50％超を有していることがこの制度の特徴です。したがって持分のない医療法人や一般社団法人に敷地を利用させている場合には，80％減額は使えません。

この制度には事業承継税制の一面もあります。土地取得者が役員として経営に参画することと法人の事業継続を要件とするのみで，相続後は貸付用の宅地であることにこだわっていません。このあたりに事業承継税制の側面が表れているといえます。具体的には宅地を取得した親族が申告期限までに役員になることが要求され，申告期限まで法人の事業が継続していることが要件になっています。相続後は有償で賃貸することを要件にしていません。

その意味では，貸付事業用宅地等の特例と，事業承継税制の両方の要素を持つハイブリッドな制度です。

### ２ 法人の事業は貸付事業ではないこと

特定同族会社事業用宅地等においては，宅地等が同族会社の事業の用に供されていなければなりません。ただしこの場合の同族会社の事業には，不動産貸付業，駐車場業，自転車駐車場業は含まれません。不動産貸付業には50％減しか認めないのが小規模宅地特例の考え方です。要するに貸付事業が個人であっても法人であっても，80％減が認められることはありません。

仮に法人の事業が不動産貸付業であれば，特定同族会社事業用宅地等には該当せず，貸付事業用宅地等の特例（200㎡を限度に50％減額）を適用することになります。したがって，たとえば不動産賃貸業を営む個人が法人成りした場合には，特定同族会社事業用宅地等の特例を適用することはできないことになります。

**【図表32－１】特定同族会社事業用宅地等**

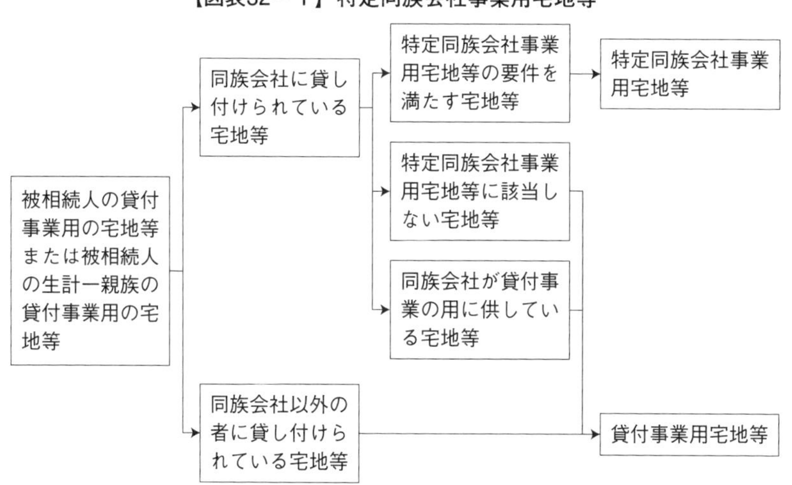


## ３　平成25年度改正

平成25年度改正では，特定事業用宅地等と特定居住用宅地等の特例の完全併用が認められるようになりましたが，この場合，特定事業用宅地等には特定同族会社事業用宅地等を含みますので，同族会社経営者の相続においても，特定居住用宅地等との完全併用が可能となります。

（特定事業用宅地等と特定同族会社事業用宅地等はあわせて最大400㎡）＋ 特定居住用宅地等（限度は330㎡）≦730㎡

## Q33 知っておくべき特定同族会社事業用宅地等の事例

特定同族会社事業用宅地等に該当する宅地等について，具体例を使って制度の趣旨を教えてください。

**A** 特定同族会社事業用宅地等の特例は，個人事業を法人成りした場合に準備されている制度ですが，その特徴を確認することで立法趣旨が理解できます。

（法令・通達） 措法69の４③三

### 解説

**1　被相続人またはその生計一親族の貸付事業用宅地等であること**

特定同族会社事業用宅地等の特例（措法69の４③三）は，相続開始前においては被相続人名義の宅地を使って同族会社が事業を営んでおり，同族会社から受け取る賃料が被相続人の生活の糧になっていたこと，相続後は宅地を相続した親族が役員になっていることが要件となります。その宅地に小規模宅地特例を認めるのは，法人の事業が被相続人と相続人の生活基盤となっていることを想定しているのです。

建物を被相続人が所有していた場合は家賃を得ていること，建物が同族会社名義であれば地代を受け取っていることが必要です。いずれにしても賃料を通じて法人の利益が被相続人の生活基盤となっているわけです。この制度が貸付事業用の宅地であることを前提とするのはこのような趣旨があるからです。

この特例は建物をその生計一親族が所有し同族会社から家賃を受け取っている場合も適用できます。生計一親族が宅地を取得し申告期限までに役員になることが必要です。被相続人とは同一生計ですから家賃は生計一親族の財布を通じて被相続人の生活の糧になっていたことになります。つまり，上記の関係が成り立たない限りこの制度による減額は適用できません。

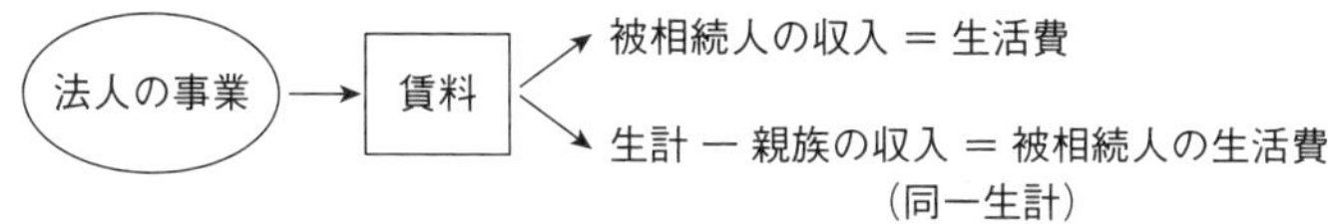


そして相続後です。宅地を取得した親族が相続税の申告期限までに役員に就任することが要件です。面白いのは相続後は賃料を受け取ること（貸付事業の継続）を要件にしていないことです。役員であるからには役員報酬を得ているはずですから，あえて相続後は賃料を要件にしていないのでしょう。

逆に相続前においては被相続人に役員であることは要求していません。賃料を得ていることで生活費を賄うことができますし，仮に相続開始直前まで役員であることを要求するのは厳しすぎる要件になってしまうからです。相続開始前においては土地税制として賃料の授受が要件ですが，相続後は事業承継税制の要素が強くなっています。

| 相続直前<br>土地税制の側面<br>（貸付事業） | 相続後<br>事業承継税制の側面<br>（役員として経営） |
|---|---|
| 親族等の50％超支配 | ー |
| 賃料の支払いが必要 | ー |
| ー | 相続人が役員であること |
| 法人の事業用 | |

立法趣旨を理解すれば具体的要件が容易に理解できるはずです。特定同族会社事業用宅地等に該当する宅地等は，被相続人またはその生計一親族の貸付事業の用に供していた宅地等であることが要件です。建物の所有者別に検討すると次のような場合が該当します（措通69の４－23）。いずれも法人の利益が被相続人の生活費に結びついているかをメルクマールにすればよいのです。

**図表33－１**のうち，①の事例は，被相続人の貸家に該当します。②の事例は，被相続人の貸地です。そして，③の事例は，生計一親族の貸家に該当します。いずれの宅地等も，被相続人または被相続人の生計一親族の（貸付）事業用で

【図表33－1】被相続人等の事業用宅地に該当することが前提

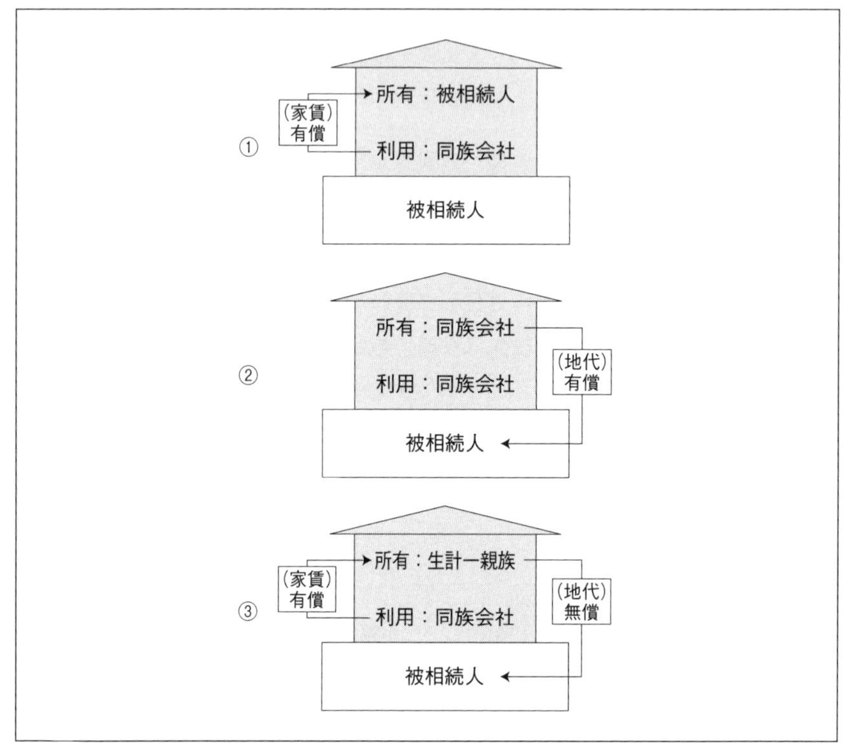


あり，その宅地等は，同族会社の事業の用に供されています。

そして，**図表33－2**の事例は，すべて小規模宅地等に該当しないことになり，80％減額はありません。

①と②は，どちらも無償で貸し付けているため，被相続人の事業用の宅地等に該当しませんので，相続開始後，役員である親族が宅地等を取得し，相続税の申告期限において同族会社の事業の用に供されたとしても特定同族会社事業用宅地等に該当することはありません。

また，③は一見，特定同族会社事業用宅地等に該当するように思えるかもしれないのですが，建物を被相続人と生計を別にする親族が所有し，同族会社に有償で貸し付けているため，生計別親族が貸付事業の用に供している宅地等に

**【図表33－2】被相続人等の事業用宅地に該当しない場合**

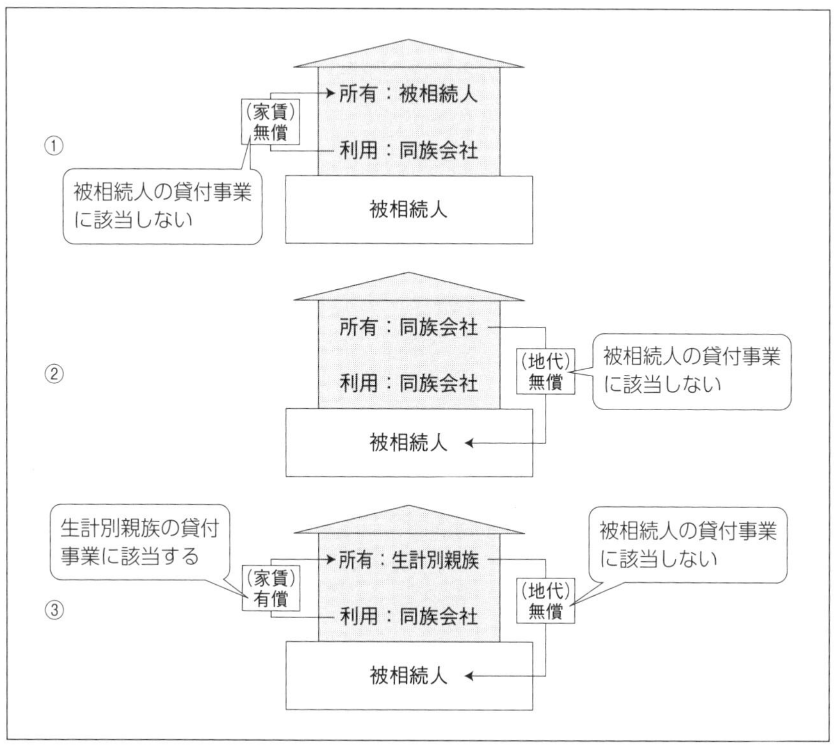


該当することになってしまい，やはり特定同族会社事業用宅地等には該当しないことになります。建物所有者と土地所有者である被相続人との間で有償の賃貸借が成立しているとそれは貸付事業用宅地（200㎡を限度に50％減額）であり80％減を適用する必要はありません。

## 2　相続開始後の要件

相続開始後においては，1で検討したとおり，相続税の申告期限において，宅地取得者が役員であることと法人の事業継続，宅地の保有のみであり，貸付事業を継続することは求められていません。賃料のやり取りがあってもなくても，宅地が同族会社の事業の用に供されている限り，特定同族会社事業用宅地等に該当することになります。

### 3　個人事業と同族会社の場合の小規模宅地特例の違い

個人事業において，生前の事業承継が別生計の親子によって行われると，相続直前においては被相続人とは別生計の親族が事業の用に供している状態ですから，生計一親族の特例（措法69の４③一ロ）は適用できません。生計を別にする別居の親子は，相続で事業を承継しない限り適用できないのが特定事業用宅地等の特例です。また同一生計の親子が事業承継を行った場合でも，息子がその後同居を解消し経済的に独立した場合，生計一親族の特例は利用できなくなります。

この場合，法人成りをすれば小規模宅地特例が使えるようになります。つまり，生計別の子が営む事業を法人成りして，その法人成りした同族会社に宅地を貸し付けます。そうすると特定同族会社事業用宅地等の特例が適用可能になるというわけです。

# 第7章
# 貸付事業用宅地等

## Q34 貸付事業用宅地等の歴史と利用価値

貸付事業用の宅地等の特徴を教えてください。

**A** 不動産賃貸業が典型ですが，不動産を所有して貸し付ける行為は，生活基盤のためという面と，余剰資産の運用という面があるため，減額割合は他の制度と異なり50％となります。過去においては，景気や社会状況から幾度かの改正を経て現在に至っています。

法令・通達　措法69の４③四，措令40の２①⑦，措通69の４－13

### 解説

#### 1　貸付事業がなぜ小規模宅地特例の対象となるのか

被相続人が営んでいた貸付事業は，相続税負担の軽減を通じて保護すべき事業といえるのかという問題があり，たびたび貸付事業用宅地等の改正に影響しました。

通達（昭和50年６月20日付直資５－17「事業又は居住の用に供されていた宅地の評価について」）による措置としてスタートした当初，貸付事業は対象から除外されていました。つまり，貸付事業用の不動産は処分の制約が小さく，不動産を賃貸するほどの過分の財産を持つ者であれば，あえて相続税負担を優遇する必要がないとも考えられたからです。そもそも貸付事業用宅地は貸宅地評価あるいは貸家建付地評価されますから，そこからさらに減額を認める必要はなかったのでしょう。

その後，小規模宅地特例が法令に格上げされると，貸付事業用の土地についても減額が認められることになりました。当初は貸付事業の規模が問われることはなく，したがって事業的規模でない駐車場なども特例の対象とされていました。ところが，バブル景気の時代に，節税目的のワンルームマンションなどの取得が流行したことから，小規模宅地特例の適用を規制するため，５棟10室基準を満たさない貸付事業用の宅地等は減額対象から除外されることになりました。しかし，数棟のビルを経営する資産家に減額が認められ，生活の糧を得るために１棟のアパートで生活する人に減額が認められないのは不合理です。そのため平成６年度改正で事業的規模でない貸付事業が復活し貸付事業用の宅地に50％減額が認められました。

平成22年度改正では，取得した宅地等を申告期限までに売却したり，貸付事業を申告期限まで継続しない場合を減額対象としないことになりました。それまでは被相続人の事業用宅地のうち，相続後の一定要件を満たすものを特定事業用宅地等とし，満たさないものに50％減額を認めていました。改正後はあらためて「貸付事業用宅地等」の区分が創設されました。

平成25年度改正では，特定事業用宅地等と特定居住用宅地等の完全併用が可能になりましたが，選択する宅地等に貸付事業用宅地等を組み込むと特定事業用宅地等と特定居住用宅地等にも改正前と同様の面積調整が必要となるため，相対的に優遇の度合いは少なくなるように設計されています。

そして平成30年度改正では，貸付事業用宅地等の特例に３年縛りが導入されました。相続開始前３年以内に新たに貸付事業を開始した宅地には50％減を適用しないとする改正です。いわゆる相続直前にタワーマンションなどの区分所有建物を取得する節税規制の一環として導入されたものです。

このように貸付事業用の宅地等については時代の経済情勢に応じて，何度かの改正が行われ今に至っています。

## 2　不動産貸付業等の範囲

貸付事業用宅地等については，事業的規模は問われません。たとえば，被相続人やその生計一親族が，４部屋の貸アパートを経営していたというような場合も貸付事業に該当することになります。

また，貸付事業には駐車場業や自転車駐車場業も該当します。これらの事業につき，所得税の申告をする際，事業所得あるいは雑所得として申告していたとしても，小規模宅地特例の適用上は貸付事業用宅地等の対象となりますので，所得税における不動産所得に限らないことになります。

不動産貸付業，駐車場業または自転車駐車場業および準事業については，規模，設備の状況，営業形態を問わず，すべて貸付事業用宅地等として，50％減額の対象になります（措令40の２⑦，措通69の４－13）。

ただし，いずれも相当の対価を得て継続的に行っていたことが要件です（措令40の２①）。無償で土地建物を貸し付けていたのでは，生活の糧が得られる生活基盤とはいえません。宅地等を固定資産税と同程度の賃料で賃貸していたような場合は，税法上は使用貸借として貸付事業には該当しません。

## 3　貸付事業用の利用価値

特定居住用宅地等に次いで利用頻度が高いのが貸付事業用宅地等です。アパート経営を行っている場合はもちろん，駐車場を貸し付けている場合や，同族会社に不動産を貸し付けている場合が対象となります。なお，取得者が役員となるなどの一定要件を満たす場合は特定同族会社事業用宅地等として80％減額の対象になります。

また，核家族の時代では，１次相続では同居親族の特定居住用宅地等の特例が適用できても，２次相続では特定居住用宅地等に該当する宅地等がない場合も多いのですが，貸付事業用宅地等は２次相続でも貸付事業を承継すれば適用できます。

### 4　貸付事業用宅地に対する小規模宅地特例の位置づけ

貸付事業用宅地等の特例は，限度面積が200㎡しかなく減額割合も50％ですから，他の制度より不利だと認識されています。たしかに不動産賃貸業は不労所得が得られ，余裕資産の運用であることが特定居住用宅地等に比べ優遇度合いが少ない理由ですが，それだけではありません。

貸付事業用宅地等は，貸宅地評価もしくは貸家建付地評価の減額をした上に，小規模宅地特例が適用できます。そう考えると，貸付事業用宅地による50％減額が必ずしも不利とはいえません。仮に80％の減額ができたら他の制度よりも有利になってしまいます。

## Q35 貸付事業用宅地等の事例検討

**貸付事業用の宅地について，留意すべき点はどのようなものがありますか。事例を用いて検討してください。**

**A** 被相続人が貸付事業を行っていた場合と，生計一親族が貸付事業を行っていた場合のそれぞれの立法趣旨を理解することが必要です。

また，駐車場業の場合は構築物の敷地であったかどうかが問題になることがあります。

貸付事業用の宅地等が未分割の場合は，共有となりますが貸付事業を承継していることになるため，申告期限までの事業継続要件に欠けることにはならず，申告期限から３年以内に分割できたときは更正の請求が可能です。

法令・通達　措法69の４③四，措通69の４－24の２

### 解説

#### 1　貸付事業用宅地等の概要と立法趣旨

貸付事業用宅地等の特例は２区分あります。生前に貸付事業を経営していたのが，被相続人本人か，被相続人と生計を一にする親族かで異なります。なお，いずれも相続税の申告期限まで取得した宅地を所有し，貸付事業を継続していることが要件です。

まず，被相続人が貸付事業を経営しており，被相続人の生活の糧となっていた貸付事業用宅地を親族が相続した場合です（措法69の４③四イ）。被相続人の不動産貸付業を，サラリーマンだった子が承継して宅地等を取得する場合が典型です。

次に，被相続人名義の土地を使って同一生計の親族が貸付事業を経営しており，その土地をその同一生計親族が相続した場合です（措法69の４③四ロ）。この場合，土地に係る賃料はその親族の財布を通じて被相続人の生活の糧となっていたことになります。同居している（同一生計の）親子において，親のアパート経営を子が生前に承継し，賃料が親子の生活の糧になっている場合が典型です。

相続開始前３年内に貸付事業を新たに開始したときはその宅地は貸付事業用宅地等に該当しません。ただし相続開始前３年よりも前から事業的規模で貸付事業を行っている場合，新たに開始した貸付事業にかかる宅地は，貸付事業用宅地等に該当します。

### ２　建物または構築物の敷地であること

小規模宅地特例は，宅地等が建物または構築物の敷地となっていることが要件です。宅地等に資本の投資があることを要求しています。特定事業用宅地等や特定居住用宅地等については，通常，建物や構築物がないことはまずないので問題になりませんが，貸付事業用宅地等では構築物の敷地となっているかどうかが問題になりやすいといえます。

被相続人がアスファルト舗装された駐車場を経営している場合，アスファルトは税務上の構築物となるため，貸付事業用宅地等に該当しますが，砂利敷きについては構築物といえる状態かが問題になります。砂利を敷設したのは10年くらい前であるという事例で，現在，砂利は地中に埋没して土地の一部とみられる状態になっており，相続開始直前において砂利敷きは構築物とはいえない状態になっていたとして小規模宅地特例の対象となる宅地等に該当しないとされた事例があります（平成７年１月25日裁決）。

砂利が構築物なのか，埋没して土地になっているのかという議論は税法理論としてはいささか滑稽な感じがしますが，このような論点が生じるようになったのは，平成６年度改正で事業的規模要件を廃止したからです。貸付事業用とは何かという論点が顕在化した結果，資本の投下があればよいという議論になり，税法上は砂利を構築物として扱うがゆえにこのような問題が生じることになりました。

また，貸付事業については，同族関係者への貸付であっても貸付事業用宅地等に該当しますが，相当の対価を得ていることが要件です。同族会社や親族など身内への貸付賃料は低額に定められることも多く，固定資産税程度の賃料を徴収している場合は，使用貸借として小規模宅地特例の適用はありません。利益が確保できる程度の賃料を設定しておく必要があります。

## ３　貸付事業用宅地に特有の論点

【設問】
貸アパートについて，相続開始時点で２室の空きがある。貸家建付地評価と小規模宅地は同じ考え方でよいのだろうか。

両者では視点が異なるとの理解です。貸家建付地の評価は，借家人による使用制限を減額の理由とします。たとえば貸付用の戸建住宅の場合は，相続開始時に空き家であれば貸家建付地評価はできません。集合住宅であれば，一時的な空き室は評価減を認めます。

しかし，判例においては，一時的とは１カ月程度をいうのであって，５カ月の空き室ではダメとしています（大阪高裁平成29年５月11日）。大阪高裁は「空室期間は重要な要素」と指摘しました。空室部分は賃貸割合に含めない，つまり貸家建付地の減額を認めないと判断しました。課税当局は，アパート敷地の評価について，相続前後の最も長い空室期間で59カ月，最も短い空室期間で５カ月では，一時的な空室とはいえないと指摘しました。しかし，数室が空き家でも，その部分だけ利用することはありませんし，売却することもできません。非常に厳しい判断だと思います。

一方，貸付事業用宅地等にも，空室が一時的であれば認める旨の通達（措通69の４－24の２）がありますが，貸家建付地評価とは判断基準が異なります。小規模宅地等の評価減は，不動産貸付事業を営んでいるか否かが判断基準です。空室が生じるのは貸付事業を営む以上は仕方ありません。「空室部分は賃貸業をしていない」とは誰もいいません。仮に貸家建付地の評価が認められない部分であっても，貸付事業用宅地等の減額は認められます。

## 4　貸付事業の承継と継続とは

【設問】　貸付事業の承継とは
父が亡くなりアパート業を子が承継した。ただし敷地は母が取得している。子は母に地代を支払うことにした。貸付事業用宅地の50％減額は可能だろうか。

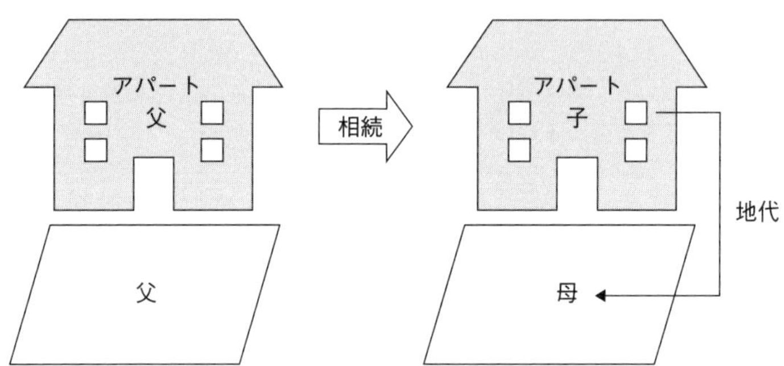


敷地を相続した母には貸付事業宅地等の50％減額が認められません。貸付事業用宅地には貸付事業継続要件があります。事例ではアパート賃貸業を引き継いだのは子です。土地を相続した母は，父のアパート業を承継せず，相続後に貸地業を開始したことになります（参考記事：貸付事業の承継（週刊税務通信No.3393））。

つまり，不動産貸付業の場合は，建物と敷地を別の相続人が取得したら，貸付事業用宅地等には該当しないことになります。

【設問】
父親の居住用賃貸アパートを相続したが，相続税の申告期限までに一部の部屋を貸事務所に変更した。

では次に，相続後に居住用アパートを店舗用に切り替えるような場合に被相続人の貸付事業を継続していることになるのかどうかという問題を考えます。特定事業用宅地等の特例においては，相続後に一部の転業があっても，敷地全体が減額の対象になりますが，この取扱いは貸付事業用宅等にも準用されることになっています（措通69の4－16（申告期限までに転業又は廃業があった場合））。したがって，部屋の一部を別用途に転用しても問題はありません。

転業に該当するかどうかは，標準産業分類を参考にする方法があります。たとえばアパート経営は，「692貸家業，貸間業」ですが，貸店舗や貸事務所業は「691不動産賃貸業」に該当しますので，建物全部を居住用貸付から貸事務所に変更したら，貸付業を継続していることにはならず貸付事業用宅地等に該当しないことになります。

| K　不動産・物品賃貸業 | 不動産取引業 | 681建物売買業，土地売買業<br>682不動産代理業，仲介業 |
|---|---|---|
| | 不動産賃貸，管理業 | 691不動産賃貸業<br>692貸家業，貸間業<br>693駐車場業<br>694不動産管理業 |

・アパート経営は「692貸家業」にあたります。
・事務所や店舗の貸付であれば「691不動産賃貸業」です。
・地主が土地を貸し付ける土地賃貸業も「691不動産賃貸業」です。

しかし，貸事務所と土地賃貸業は共に「691不動産賃貸業」ですが，被相続人の貸事務所業の土地建物のうち，息子が土地のみを相続して，建物を相続した母から地代を受け取ったら，貸付事業用宅地等に該当しないことはすでに確認したとおりです。標準産業分類はあくまで参考程度とするべきでしょう。

## 5　相当の対価とは

まず，世間相場で貸し付けているかが問題になった事例です。貸付事業用宅地に該当しないとされた事例ですが，平成7年1月25日裁決では，長女に対する賃貸料が付近の通常の賃貸料に比し著しく低廉とされ，相当な対価を得て貸し付けられていたとはいえないとし，貸付事業用宅地等の減額が否定されています。娘に1平方メートル当たり4,825円で娘に貸し付けていたところ，周辺地域では賃貸料1平方メートル当たり13,447円および18,181円とされ，また，娘は賃借した物件を月ぎめ駐車場として第三者に年間191万円前後で賃貸していました。賃貸料と比較して賃借料が著しく低廉と認められることからも，当該賃貸借が相当な対価を得て行われたものとはいえないとされました。なお，賃貸借契約書が存在せず，賃貸借期間の定めもなかったため継続的に貸し付けられていたとも認められませんでした。結局，事業の用に供されていたとは認められず，小規模宅地特例の適用が否定されました。

また，貸付された宅地について利益が出ているかどうかが問題になった判例もあります。平成10年4月30日東京地裁判決では，建物の貸付について，相当の対価かどうかについては貸付物件の減価償却費，固定資産税等の必要経費を回収した後において，なお相当の利益が生ずるような対価を得ているかどうかによって判定するのが相当としています。ここでは近隣相場よりも事業としての貸付であるかどうかを重視しています。なお，所得税においては，特定事業用資産の買換特例における，事業に準ずるものの範囲として，貸付資産の減価償却費，固定資産税その他の費用を回収した後において相当の利益が生じる対価を得ているかどうかで判定するものとしており，これと同様の考え方を採用したものとみることができます。

貸付事業用宅地等の特例が認められる趣旨は，賃料が生活の糧になっていることが必要です。そのように考えると世間水準であっても赤字ということでは，貸付事業用宅地等の特例が認められないリスクがあると考えます。世間相場の水準であっても赤字では否認リスクがあり，逆に世間相場に満たない場合でもそれなりの利益が生じていれば問題はないでしょう。

# 第8章
# 申告要件等

## Q36 申告要件と実務の注意事項

小規模宅地特例には申告要件がありますが，未分割の場合など，どのような手続きに留意する必要がありますか。

**A** 小規模宅地特例は，申告期限までの遺産分割を要件としています。そのため，遺産分割が調わない場合には，この制度に特有の手続きが必要になります。

法令・通達　措法69の４⑦⑧，措令40の２⑤⑯，措規23の２⑧，相令４の２①

### 解説

#### 1　申告手続

小規模宅地特例の適用は，相続税の申告が要件となっています。期限内申告書だけでなく，期限後申告書および修正申告書でも適用を受けることができます（措法69の４⑦）。ただし，申告期限までに小規模宅地特例の対象となる宅地等が分割されていることが要件です。

では，申告期限までに宅地の分割はできているが，期限内申告を行っていなかったときはどうでしょうか。この場合も期限後申告によって小規模宅地特例を受けることができます。

申告期限において分割が行われていない場合は，納税地の所轄税務署に対して，当初申告において「申告期限後３年以内の分割見込書」を申告書に添付します（措規23の２⑧六)。その後，３年以内に分割されると，分割が行われた日から４カ月以内に更正の請求を行えば，小規模宅地特例を受けることができます。

宅地だけを分割しておき，小規模宅地特例を受けることも可能ですので，遺産分割協議が紛糾したような場合であっても，小規模宅地特例の対象となる土地だけを分割することも検討の価値があります。

なお，遺産の総額は基礎控除を上回るが，小規模宅地特例を適用すればそれを下回り相続税の負担が生じないような相続案件では，小規模宅地特例を適用する要件として申告が必要です。ただし，期限後申告において小規模宅地特例を受けることもできるため，実務では申告を留保することも多いと思われます。申告期限から５年を経過し，税務署長の決定処分（国通法70①一）ができる期間を経過すれば，申告の必要はなくなります。

## ２　３年以内に分割できない場合

申告期限後３年を経過する日までに，訴えの提起があったことや，和解，調停または審判の申立てがあったことにより，分割が行われなかった場合には，申告期限を経過する日の翌日から２カ月以内に承認申請書を提出する必要があります（措法69の４④ただし書，措令40の２⑯，相令４の２①)。この承認申請書には宥恕規定がありません。１日遅れても適用を受けることはできなくなります。実務家が，３年間について承認申請をすべき期限を管理するのは煩瑣ですが，十分に注意する必要があります。

申告の依頼があった時点で３年が経過しているときは小規模宅地特例を適用する余地はなくなります。

その後，和解の成立等があったときは，分割ができることになった日の翌日から４カ月以内に必要書類を添付して更正の請求を行うことになります。分割ができることとなった日とは，和解の成立の日や，判決の確定の日です。また，これらの申立てや訴えを取り下げた日も含まれるため（相令４の２①)，たとえば，和解の申立てを取り下げ，相続人間で遺産分割が行われたようなときでも，取り下げの日の翌日から4カ月以内に更正の請求をすることができます。

税理士が，日常業務をこなしながらこのような期限の管理を行うことは，実務においては非常に困難ですが，承認申請を失念してしまうと税理士の責任になります。いくつかの損害賠償事例も報告されており，納税者に必要な手続きとそれを怠った場合の不利益を書面にて説明しておく必要があるでしょう。

## 3　添付書類

小規模宅地特例の適用を受けるためには，相続税の申告書第11表の付表1「小規模宅地等に係る課税価格の計算明細書」等の明細を申告書に添付します。

各制度に共通する添付書類には，戸籍謄本，遺言書の写しまたは遺産分割協議書の写し，相続人全員の印鑑証明書が必要ですが，相続人が1名である場合は，遺産分割協議書を作成しないため，財産の取得の状況を証する書類を添付することになります。申告期限内に分割できない場合には「申告期限後3年以内の分割見込書」の添付が必要です。

また，小規模宅地特例は，適用可能な宅地等（特例対象宅地等）のうち，限度面積の範囲内で選択することができるため，取得した個人が2名以上いる場合は，特例対象宅地等を取得したすべての者の同意を証する書類が必要です。

### ⑴　相続開始3年以内に事業を開始している場合

特定事業用宅地等の特例は，平成31年4月1日以後の相続では，相続開始前3年以内に新たに被相続人等が事業を開始していると適用できません。しかし，宅地の評価額の15%以上の建物や減価償却資産を使用する事業規模であれば適用できます。その場合は，これらの資産の相続開始の時における種類，数量，価額およびその所在場所その他の明細を記載した書類によって，その事業規模を明らかにする必要があります（措規27の2⑧一）。

### ⑵　家なき子特例の証明書類

特定居住用宅地等の特例については，取得した宅地を居住の用に供していることを証する書類が必要でしたが，現在は個人番号があるため不要となっています。個人番号を有しない者はこの書類の添付が必要です。

家なき子特例を受ける場合，平成30年４月以後の相続では，相続開始３年以内に家なき子が居住していたのが，自己，自己の配偶者，３親等内の親族の家屋でないことを証する書類，さらに相続開始時において居住している家屋を過去に所有していたことがないことを証する書類の提出が必要です（措規27の２⑧二）。

### ⑶　老人ホームの特例を適用する場合

被相続人が老人ホームに入居した場合に空き家になった元の自宅には特定居住用宅地等の対象となる特例がありますが，この特例の適用を受けるためには添付書類に，被相続人の戸籍の附票の写し，介護保険の被保険者証等の写し，要介護認定を受けていたこと等を明らかにするもの，老人ホームが措置法施行令40の２第２項の老人ホームに該当することを明らかにする書類を追加する必要があります（措規23の２⑧三）。

### ⑷　相続開始３年以内に貸付事業を開始している場合

貸付事業用宅地等の特例については，平成30年４月以後の相続では，相続開始前３年以内に新たに貸付事業を開始している場合には，被相続人やその生計一親族が３年を超えて事業的規模の貸付事業を行っていることを証明する書類を添付しなければなりません（措規27の２⑧五）。

### ⑸　特定同族会社事業用宅地等の特例を適用する場合

特定同族会社事業用宅地等については，定款，株式の保有状況を証する書類を特例の対象となる法人が証明する必要があります（措規27の２⑧四）。

## ４　小規模宅地特例と当初申告要件

小規模宅地特例は，当初申告における宅地に係る特例の適用について，その後，選択替えをすることは許されないこととされています。特例対象宅地等のうち，限度面積の範囲内で選択したものは，適法な選択である以上，選択替えによる更正の請求は認められません。

なお，配偶者に対する相続税額の軽減（相法19の２）については，平成23年12月改正において，平成23年12月２日以後に申告書の提出期限が到来する相続税からは当初申告要件が廃止されています。したがって，当初の期限内申告において分割ができているにもかかわらず，配偶者の税額軽減を適用しなかった場合や，計算の誤りで軽減額が少なかったような場合は，申告期限から５年間，更正の請求が可能です。

これに対し，小規模宅地特例ほか，租税特別措置法に規定される優遇措置では，平成23年12月改正において，当初申告要件は廃止されていません。

## Q 37 遺産分割の実務問題

遺産分割の方法には遺言や遺産分割協議以外にどのような方法があるのですか。また，遺産分割で揉めてしまった場合の小規模宅地特例の実務上の問題についても教えてください。

**A** 遺産の分割は，遺言や遺産分割協議のほか，死因贈与契約によることも可能です。遺言書と異なる分割は税務上問題ありませんが，リスクになる事例もあります。実務の課題として，小規模宅地特例の選択について相続人の同意が得られなければ小規模宅地特例が受けられないことが考えられます。

（法令・通達） 相法32，措法69の２，69の４⑤，措令40の２⑤三，措通69の４－25

### 解説

#### 1 遺産分割と小規模宅地特例

遺産分割とは，共同相続人による遺産の共有状態を，各相続人の単独所有にすることです。相続が開始すると，被相続人の財産は相続人に移転します。相続人が２人以上の場合には，遺産は相続人の共有になります。これを単独所有にする手続きが遺産分割です。なお，相続人が１人の場合は，他に相続人がいないことが証明できれば登記することができるため，遺産分割協議書を作成する必要はありません。

小規模宅地特例は，宅地等が分割されていることが要件であり，相続税の申告書に遺言書や遺産分割協議書の写しを添付することが一般的ですが，死因贈与契約による宅地等の取得の場合でも認められます（措法69の２）。この場合は死因贈与契約書を添付することになります。遺言書は遺言者の死後に効力が生じることになりますので，その真意を確保するため，厳格な要式性が求められるのですが，要式を欠く遺言書は，死因贈与契約書として救済されることがあります。

また，遺言書がない場合に，口頭による死因贈与が実務では認められることがあるようです。たとえば，被相続人が子供夫婦と同居していたが，推定相続人である息子が先に死亡してしまったような場合には，亡き息子の妻は相続人ではないため，被相続人の自宅を相続することはできません。そこで，相続人全員が亡き息子の妻に自宅を取得させてあげるために，口頭による死因贈与の存在を認めるときは，税務の現場もそれを認めるというものです。この場合は，被相続人の生前の死因贈与を証明するメモや日記などの書面の存在が有効と考えられます（ぎょうせい「税理士のための相続をめぐる民法と税法の理解」）。

## 2　遺言書と異なる遺産分割

公正証書遺言が作成されていた場合でも，遺言書と異なる遺産分割を実施することは，民法上可能とされており，税法上も認められます。たとえば次男だけに全財産を相続させる遺言がある場合に，相続人全員で，遺言の内容と異なる遺産分割をしたときは，次男は遺贈を放棄した上で，遺産分割協議が行われたものとして，分割どおりの相続税の申告をすることになります。贈与税の課税関係が生じることはありません。したがって，小規模宅地特例を受けることにも影響はありません。

リスクがあるのは，遺言に納得しない相続人がいるような場合に，遺言どおりの取得による期限内申告をするとかえってトラブルが想定されることに配慮し，あえて未分割の申告を行う場合です。その後，遺産分割協議が成立すれば，小規模宅地特例や配偶者の税額軽減が受けられます。ただし，申告期限から3年以内に分割することが必要です。

問題は，遺産分割が成立せず，結局，遺言の内容で修正申告・更正の請求をすることになった場合です。小規模宅地特例については，結果的に遺言書があるにもかかわらず，当初の期限内申告で，小規模宅地特例を受けることなく，明細書等の記載もなかったわけですから，当初申告要件を満たしていません。未分割遺産が分割できた場合には該当しませんので，更正の請求（相法32，措法69の4⑤）は認められません。遺言書があるにもかかわらず未分割で申告する場合は，大きな不利益を被る可能性を理解した上で，申告をする必要があります。

一方，配偶者に対する相続税額の軽減については，平成23年12月改正で当初申告要件が廃止されたため，申告期限から５年以内であれば，国税通則法23条による更正の請求によって救済されます。この場合は国税通則法23条１項による更正の請求ですので，申告期限から５年以内であれば更正の請求が可能です。

いずれにしても，遺言書があるにもかかわらず未分割で申告すると，予測できない将来を生み出し，それゆえ課税関係も想定することができなくなります。このような処理は可能な限り避けるべきです。小規模宅地特例が予定される宅地だけでも分割しておくというアドバイスも必要でしょう。

### ３　相続人が小規模宅地特例に同意しない場合

遺言により取得した宅地であっても，他の相続人の同意が得られず小規模宅地特例が適用できなかった事例があります（東京高裁平成29年１月26日判決）。小規模宅地特例は，対象となる宅地を取得したすべての相続人の選択同意書が必要です。

医師である長男が遺言で取得した宅地に特定事業用宅地の減額を選択したところ，他の相続人がこれに同意しなかったために減額が否認されました。長男が相続した宅地のほかに未分割の収益物件の敷地がありましたので共同相続人全員の選択同意書が必要です（措令40の２⑤三）。共同相続人は将来的に小規模宅地特例を適用できる可能性があるためです。なおこの事例では，遺言無効確認等請求訴訟が起こされていました。

すべての宅地が未分割であれば「申告期限後３年以内の分割見込書」を提出し，遺産分割が可能になった段階で更正の請求が可能ですが，本件のように遺言で取得した宅地に小規模宅地特例を適用しようとする場合は，当初申告で他の相続人の同意を得て小規模宅地特例を適用しなかったらその後の救済はありません。

選択同意書がないということは要するに，長男と他の相続人は異なる申告をしたということです。全員が同じ内容の申告をしていればそれは同意ができているということですから，申告ソフトで同意書に入力すればよいだけです。

小規模宅地特例を適用できるすべての宅地を同一人が取得すれば同意は不要ですが，そうでない場合に何らかの解決策はあるでしょうか。被相続人の影響力のある生前のうちに子供たちに選択同意書を作成してもらうことは考えられるかもしれません。しかしその場合でも，相続人が小規模宅地特例に関し別々の申告をしてしまえば，同意がないことになり小規模宅地特例は認められないでしょう。遺言書に小規模宅地特例を選択すべき宅地を指定しておけばある程度の心理的効果はあるかもしれませんが，民法上は有効にならないでしょう。

結局，遺言で遺産を取得しても小規模宅地特例が適用できないことが実務では考えられるということです。つまり，面積に限度がある小規模宅地特例は相続人全員が同じ宅地に対し同じ面積を選択しなければならないため，遺言の作成によって相続紛争は解決できても小規模宅地特例が受けられないリスクがあります。

### ４　被相続人の親族が分割前に死亡した場合

相続または遺贈により取得した宅地等が，共同相続人によって分割される前に，相続人の１人が死亡し２次相続が発生した場合は，死亡した相続人以外の相続人と，２次相続の相続人が遺産分割協議を行うことになります。この場合に，死亡した親族が小規模宅地特例の対象となる宅地等を取得したものと取り扱うことができます（措通69の４－25）。

たとえば，父（被相続人）に相続が開始し（１次相続），相続人が長男と次男である場合において，分割前に長男が死亡（２次相続）したときに，次男と，長男の相続人である孫が遺産分割協議を行い，被相続人が居住の用に供していた自宅敷地を死亡した長男が取得したものとして確定したときは，１次相続の申告で小規模宅地特例の適用を受けることができます。

### 5　事業の承継者が決まっていない場合

小規模宅地特例の対象となる宅地が未分割であっても，申告期限から３年以内に分割できれば更正の請求によって適用が認められますが，遺産分割協議が成立しないために，事業を承継する者が決まっておらず，申告期限において休業状態であるような場合は，宅地の分割が３年以内に確定しても，特定事業用宅地等としての小規模宅地特例を受けることはできません。申告期限までの事業継続要件を満たさないからです。

なお，不動産貸付業については，未分割の場合，各々の共同相続人に相続分で法定果実が帰属するため，事業の承継と継続要件が問題になることはなく，申告期限から３年以内に遺産分割が確定すれば，貸付事業用宅地等としての小規模宅地特例を適用することができます。

## Q 38　期限後申告・修正申告が可能な範囲

**期限後申告・修正申告で小規模宅地特例の適用を受ける場合，どのような問題が生じますか。**

**A**　小規模宅地特例は期限後申告や修正申告で適用することができますが，分割の時期や相続特有の事由があります。また，小規模宅地特例はいったん適法に選択した宅地について，申告後に選択替えすることは認められませんが，選択替えとはいえない事情がある場合は，あらためて別の宅地等を選択することができます。

（法令・通達）　措法69の４④⑤⑦⑧，措規23の２⑧六

### 解説

#### １　申告要件と分割要件

小規模宅地特例は，申告要件として，期限内申告のほか，期限後申告，修正申告でも適用することが可能です（措法69の４⑦）。

申告要件に加え，申告期限から３年以内に宅地を分割していることが小規模宅地特例の要件です（措法69の４④）。したがって，申告しているか否かだけでなく，分割ができているか否かもあわせて考える必要があります。

【設問】
相続開始後すぐに遺産分割協議はまとまったが期限内申告はしていなかった。

申告期限内に宅地の分割が成立している場合は，期限後申告であっても小規模宅地特例が適用できます。

【設問】
申告期限までに遺産分割がまとまらなかったので，未分割による申告書を提出し，「申告期限後３年以内の分割見込書」を添付した。

未分割による期限内申告あるいは期限後申告を提出している場合は，３年以内に遺産分割ができれば，更正の請求または修正申告により小規模宅地特例を受けることができます。また，分割できない場合は，申告期限後３年を経過する日の翌日から２月を経過する日までに，「遺産が未分割であることについてやむを得ない事由がある旨の承認申請書」を提出して税務署長の承認を受ける必要があります（措規23の２⑧六）。

【設問】
申告期限までに遺産分割がまとまらなかった。また未分割による申告も提出していなかった。その後，申告期限から３年以内に遺産分割協議がまとまった。

では，このように「申告期限後３年以内の分割見込書」を添付した申告を提出していないときはどうなるでしょうか。つまり未分割で申告書は提出せず，遺産分割がまとまってから期限後申告する場合です。個人的見解ですが，３年以内に分割できたのであれば期限後申告によって小規模宅地特例は適用できるものと考えます。申告や書類の添付には宥恕規定があるため（措法69の４⑧），税務署長がやむを得ない事情があると認めるときは，期限後申告において小規模宅地特例を受けられる余地があります。

【設問】
相続税の申告の依頼があったが，宅地は未分割である，すでに申告期限から３年が経過している。

申告期限後３年以内に分割できておらず，承認申請も行っていないため小規模宅地特例を適用する余地はありません。

### ２　修正申告で適用する場合

修正申告で小規模宅地特例を適用することが考えられるのは以下のような場合です。

まず，未分割のまま期限内申告を行い，その後，３年以内に分割し特例対象宅地等を取得した場合です（措法69の4④）。預金などの財産も取得しているために当初の申告に比べ相続税額が増加するときは，修正申告によって小規模宅地特例を適用できます。

次に，評価誤りにつき評価額が増額するような場合です。仮に5,000万円の特定居住用宅地等につき，80％に相当する4,000万円の減額を行っていたところ，正しい評価額が6,000万円であることが判明したようなときは，修正申告において，4,800万円の減額として小規模宅地特例を適用することができます。

また，申告漏れの土地を修正申告する場合も考えられます。ただし，その申告漏れの土地は，申告期限から3年以内に分割されていることが要件です（措法69の4④）。土地が未分割のまま3年を経過し，その後分割が行われても，修正申告において小規模宅地特例を受けることはできません。

さらに，**3**で検討するように，当初の選択に瑕疵があり，適用する宅地等を差し替える場合のように後発的事由が生じた場合が考えられます。

なお，当初の期限内申告では税法の無知で小規模宅地を選択していなかった場合に，修正申告において小規模宅地特例が適用できるのかは明確ではありません。たとえば，納税者が，税理士に依頼せず，自ら相続税の申告を行ったものの，被相続人の自宅敷地に小規模宅地特例を適用しなかった場合です。その後，名義預金の申告漏れがあり修正申告になるような場合に，小規模宅地特例が適用できるのかは不明です。当初の申告において，あえて適用しないことそれ自体は違法ではありませんので，修正申告においてあらためて小規模宅地特例を受けることはできないと考えることもできます。しかし，誤って選択した土地を適法な土地に差し替える場合，修正申告によって小規模宅地特例が認められるにもかかわらず，税法の無知から適用しなかった場合には適用できないとすれば，そのような取扱いの区別に合理的な理由はないからです。実務においては修正申告による小規模宅地特例の適用が認められる余地があると考えられます。

### 3　当初の選択に瑕疵があった場合等

小規模宅地特例は，当初の申告において選択した宅地等を計算明細書において明らかにする必要があり，いったん選択した宅地等を差し替えることはできません。しかし，当初の選択に法令上の瑕疵がある場合は，選択替えを認める実務の運用が行われています。

たとえば，期限内申告において，長男が相続したA宅地が特定居住用宅地等に該当するものとして減額を行ったが，要件を満たさないことが判明した場合です。次男が取得した宅地が特定居住用宅地等に該当するときは，長男が修正申告を行った上で，次男があらためて，B宅地に小規模宅地特例を選択し，更正の請求を行うことができます。

なお，当初申告後に，遺留分減殺請求に基づいて，取得する宅地に異動が生じた場合には，更正の請求や修正申告により，選択する宅地の差し替えが認められるとの見解が公表されています（国税庁HP質疑応答事例「遺留分減殺に伴う修正申告及び更正の請求における小規模宅地等の選択替えの可否」）。たとえば，長男が，遺言で取得したA宅地につき，小規模宅地特例を適用していたが，次男から遺留分の減殺請求があり，A宅地を次男が取得することになったような場合です。次男は，A宅地につき，小規模宅地特例を適用し修正申告をすることができます。また，長男が小規模宅地特例の対象となる別のB宅地を取得していれば，あらためて小規模宅地特例を選択し更正の請求等を行うことが可能です。

しかし，民法改正によって遺留分制度が変わったため，今後は差し替えの問題が生じることはありません。令和元年７月１日から施行されている改正によって遺留分侵害額請求権から生じる権利は金銭債権のみとされました。つまり，遺留分を請求されると必ず金銭を支払わねばならず，宅地を遺留分権利者に引き渡すことがなくなったために，適用対象地の差し替えの問題は生じなくなりました。

# 第9章
# 小規模宅地特例を活用するための発想法

## Q39 未分割の場合の実務の注意点

**小規模宅地特例は遺産が分割されていることが要件ですが，未分割で申告する場合，どのような実務の問題が生じるのでしょうか。小規模宅地特例以外の実務の注意点も含めて教えてください。**

**A** 未分割が長期に及ぶ場合は，小規模宅地特例だけでなく，未分割財産が収益不動産である場合の所得計算や，配偶者の税額軽減などの制度にも注意が必要になります。

法令・通達　相法19の２，国通法23，措法９の７，39，措通69の４－25

### 解説

#### 1　未分割と相続税の関係

相続税の計算方式には「遺産課税方式」と「遺産取得課税方式」があります。日本の相続税は，個々の相続人が取得した財産に応じて課税する遺産取得課税方式を採用し，相続税額の計算について法定相続分課税方式を加味しています。

相続税では，遺産が分割していることを要件とする制度がいくつかあります。遺産取得課税方式の趣旨から，遺産の分割を要求しているわけです。農地の納税猶予や事業承継税制による自社株納税猶予は分割済みであることが要件です。小規模宅地特例もその１つです。なお，小規模宅地特例だけでなく，配偶者の税額軽減（相法19の２）も適用できないなど，未分割が長期間続く場合のデメリットを理解しておく必要があります。また，自己株式を発行会社に譲渡した場合のみなし配当特例（措法９の７）や相続財産を譲渡した場合の取得費加算（措法39）は，申告期限の翌日から３年以内の譲渡が要件です。

### ２　未分割の不動産がある場合の申告

不動産を未分割のまま申告すると小規模宅地特例以外にも税務上の課題があります。まず，未分割の賃貸不動産がある場合には，法定相続分で不動産所得を申告する必要があります。未分割のまま不動産を譲渡する場合，相続人は，法定相続分で譲渡所得を申告する必要があります。ただし，あらかじめ相続人同士で，売却代金を取得する割合を定めている場合には，その割合に従って申告することになります。問題は，売却時点では分割割合を定めておらず，後日，相続人の協議で分割割合を決定するようなケースです。この場合の譲渡所得は，法定相続分により計算することになります。譲渡所得は，その資産が所有者の手を離れて他に移転するのを機会に清算して課税するものだからです。収入時期は資産の引渡し日であり，相続人が未分割の共有財産を売却したのですから，分割割合が変更しても，その事実が変わることはありません。また，遺産分割の対象は換価した遺産ではなく，換価により得た代金です。

ただし，所得税の確定申告期限までに売却代金が分割され，相続人の全員が売却代金の分割割合に基づき譲渡所得の申告をした場合には，その申告は認められます。しかし，申告期限までに換価代金の分割が行われていない場合には，法定相続分により申告しなければならず，申告後にその換価代金が分割されたとしても，更正の請求はできません（国税庁HP質疑応答事例「未分割遺産を換価したことによる譲渡所得の申告とその後分割が確定したことによる更正の請求，修正申告等」）。

### ３　未分割のまま２次相続が発生した場合

宅地等が未分割のまま２次相続が発生した場合の，小規模宅地特例の取扱いについては，２次相続の相続人が１次相続の遺産分割協議に参加し，死亡した親族が小規模宅地特例の対象となる宅地等を取得したものとする分割は有効とされます（措通69の４－25）。

## ４　配偶者の税額軽減は取扱いが異なることに注意

配偶者の税額軽減は，当初申告における選択や，遺産分割が要件となっていること，未分割の場合の手続きは小規模宅地特例と同様でしたが，平成23年12月改正によって，当初申告要件が廃止されています（相法19の２③，国通法23）。さらに，同年の改正では国税通則法が改正され，国税に関しては更正の請求ができる期間が，それまでの法定申告期限が１年から５年に延長されています（国通法23）。この２つの改正によって小規模宅地特例とは異なる実務が生じることになりました。

当初申告要件の廃止と更正の請求が５年間可能になったことで，たとえば，税理士に頼らず納税者が自ら相続税を申告した後になって，配偶者の税額軽減の適用を失念していたことに気づいた場合であっても申告期限から５年間更正の請求が可能です。小規模宅地特例では更正の請求は認められません。

ただしこれは分割されているときの話で，申告期限においても未分割だと配偶者の税額軽減は受けられません。申告期限から３年以内に分割すると更正の請求が可能です。この場合の更正の請求期限は分割日の翌日から４カ月以内ですが，国税通則法23条により申告期限から５年以内であれば請求可能です（相基通32－２）。また，３年以内に分割できないやむを得ない事情がある場合は３年経過日から４カ月以内に承認を受ければ，分割できたときに更正の請求が可能です。

しかし，このような取扱いには矛盾があります。一般的な更正の請求が５年に延長されたにもかかわらず，３年以内の分割あるいは，分割できない場合に承認申請を必要としていることです。しかも承認申請は分割できないやむを得ない事情がある場合にしか申請できません。たとえば，相続開始から４年後の通常のミスによる過大申告は救済されるのに，４年後に分割できても，申請がない限り配偶者の税額軽減は適用できません。そもそも３年以内の分割を要件とするのは，税務署長が更正処分できるのは改正前だと３年だったからです。この期間内に配偶者の税額軽減の課税関係を確定させておくためでした。５年間の更正の請求が認められる現在，５年以内の分割で適用できるよう改正すべきです。

### 5　申告期限後３年以内の譲渡を要件とする優遇措置

相続した非上場株式を自己株式として譲渡した場合のみなし配当課税の特例（措法９の７）や，相続財産を譲渡した場合の取得費加算（措法39）は，申告期限の翌日から３年以内に譲渡することが要件です。分割は要件ではありませんが，スムーズに売却ができるように遺産分割を成立させておくことが肝要です。

## Q40 代償分割による代償債務の圧縮計算と小規模宅地特例

１人の相続人が，土地を代償分割の対象財産として取得し，他の共同相続人に代償債務として金銭を交付した場合の相続税の課税価格の計算はどのようになりますか。この場合，小規模宅地特例の評価減はどのように影響しますか。

**A** 代償債務の圧縮計算については小規模宅地特例を適用する前の評価額を使って計算することになります。

（法令・通達）相基通11の２－９，11の２－10，所基通33－１の５，38－７

### 解説

#### 1　代償分割があったときの相続税の計算

代償分割によって土地を取得する代わりに，代償財産として金銭を交付した場合，相続税の計算については，代償財産を交付した相続人の課税価格は，現物財産の価額から交付した金銭の額を控除した金額となります。

一方，代償財産の交付を受けた相続人の課税価格は，相続または遺贈により取得した現物の財産の価額と交付を受けた金銭の額の合計額となります（相基通11の２－９）。

【設問】
父に相続が開始し，長男が土地4,000万円を取得する代わりに，次男に2,000万円を代償財産として交付した。

この場合は，長男は課税価格から2,000万円を控除し，次男の課税価格は交付を受けた2,000万円と現物財産の合計額となります。

##### (1)　長男の課税価格

4,000万円－2,000万円＝2,000万円

### ⑵　次男の課税価格

2,000万円

## 2　代償財産の圧縮計算

長男が取得した土地の評価が相続税評価額ではなく，分割時の通常の取引価額を基として決定されていると，交付した金銭の代償債務としての金額は，次のように計算します（相基通11の２－10）。

$$\text{代償債務の額（交付金銭）} \times \frac{\text{代償財産の相続税評価額}}{\text{代償財産の代償分割の時における価額}} = \text{代償財産の価額}$$

代償財産として交付した現金2,000万円が，相続財産である土地の代償分割時の時価5,000万円（相続税評価額4,000万円）を基に決定されている場合の，長男および次男の課税価格の計算は以下のようになります。

### ⑴　長男の課税価格

4,000万円－{2,000万円×(4,000万円÷5,000万円)}＝2,400万円

### ⑵　次男の課税価格

2,000万円×(4,000万円÷5,000万円)＝1,600万円

このような圧縮計算を認める趣旨は，相続開始の時と代償分割の時との間に遺産の価額が著しく変動している場合に，課税上の不合理な計算結果を調整することにあります（平成４年４月28日前橋地裁判決）。民法上は，代償財産を交付する時点での代償分割の対象となる土地の実勢価格を基準にするからです。さらに実務は，通常の取引価額と相続税評価額の差額を調整するための圧縮計算を相続税基本通達で認めています。

なお，代償債務の支払いを金銭ではなく，相続人固有の土地などの現物財産で実行すると，相続税の課税関係だけでなく，交付した相続人に譲渡所得課税

が生じることになります（所基通33－１の５，38－７）。

### ３　小規模宅地特例の適用がある場合

では，長男が取得した土地につき，小規模宅地特例による減額を受けている場合は代償債務の圧縮計算を減額後の金額で行うことは認められるでしょうか。たとえば，土地が特定居住用宅地等に該当し，3,200万円（＝4,000万円×80％）の減額が行われ，800万円が課税価格に算入されている場合，圧縮計算の分子にこれをそのまま当てはめると次のようになります。

**⑴　長男の課税価格**

800万円－{2,000万円×(800万円/5,000万円)}＝480万円

**⑵　次男の課税価格**

2,000万円×(800万円/5,000万円)＝320万円

しかし，このような計算は認められません。圧縮計算の結果，次男が小規模宅地特例による節税効果を享受する結果になってしまうためです。したがって，分子の金額は，小規模宅地特例の適用前の金額を利用することになります（「相続税法基本通達逐条解説」大蔵財務協会）。つまり，小規模宅地特例は，次男の課税価格に影響しないことになります。

**⑴　長男の課税価格**

800万円－{2,000万円×(4,000万円/5,000万円)}＝▲800万円

**⑵　次男の課税価格**

2,000万円×(4,000万円/5,000万円)＝1,600万円

なお，長男の代償債務の計算について生じるマイナスを宅地以外の他の相続

財産から控除できるかどうかは不明です。仮に，長男が土地以外の財産を300万円取得している場合，次の２通りの計算が考えられます。

・第１説（代償債務を宅地からのみ控除すると300万円が課税価格となる）
800万円－｛2,000万円×（4,000万円/5,000万円）｝＝▲800万円　∴０円
０円＋300万円＝300万円

・第２説（代償債務を財産全体から控除すると課税価格は０円となる）
800万円＋300万円－｛2,000万円×（4,000万円/5,000万円）｝＝▲500万円　∴０円

## Q 41　配偶者居住権の創設と実務上の問題点

**配偶者居住権が創設された趣旨を教えてください。また，実務でどのような利用が考えられますか。**

**A**　民法改正は配偶者の保護方策が中心になっていますが，その目玉ともいうべき制度が配偶者居住権です。実務では婚外子がいる場合の遺産分割を解決するための利用が考えられますが問題も大きい制度です。

法令・通達　民法1028，1029，1037，相規12の３，相基通９－13の２，所法60③，所令169の２

### 解説

#### 1　配偶者居住権とは

民法改正によって創設された配偶者居住権（民法1028）は，配偶者が居住していた被相続人名義の建物に相続後も無償で一生涯住み続けることができる権利です。遺言や遺産分割協議によって取得します。審判によって配偶者居住権を取得することもあります（民法1029）。

なお，配偶者居住権が設定されるのは遺産分割が確定する日ですから，確定するまで配偶者はいったん出ていかねばならないとすると大変です。相続開始日から配偶者居住権を設定するまでの「つなぎ」の制度が配偶者「短期」居住権です。民法では遺産分割確定までは配偶者短期居住権が生じそのまま居住する権利が認められています（民法1037）。相続後直ちに遺産分割が確定したとしても相続開始後６カ月経過日までは配偶者短期居住権が存続します。

配偶者居住権が設定された建物の敷地には利用権が生じると考え，この敷地利用権も相続税の対象になります。これに対し，配偶者短期居住権は相続税では評価の対象になりません。

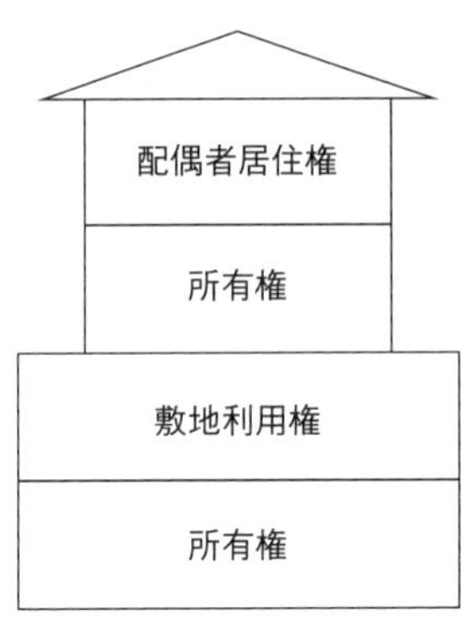


## 2　なぜ創設されたのか

配偶者居住権について一般に説明されるのは，以下のような解説です。

> 【一般的な説明】
> 自宅と預金しかないような家庭の相続においては，配偶者が自宅を相続すると法定相続分が満たされ預金などの取り分がなくなってしまい，老後資金が取得できない。そこで配偶者居住権を取得すれば，不動産よりも評価額が低いので，相続分の枠が余り，一生涯の居住を確保しつつ，預金を多く取得することができる。

しかし，遺産は法定相続分で分割する義務はありません。円満な家庭であれば自宅も預金も配偶者が相続することに子供たちは反対しません。いずれ２次相続で自宅を子供たちが相続することになるからです。税理士にとっては日常的な光景でしょう。

かといって深刻な相続争いがある場合に，遺産分割協議で紛糾する相続人が配偶者居住権の設定を容認するはずがありません。

ではどのような場合に利用が考えられるのか。それはこの制度の立法趣旨とも繋がります。そもそも配偶者居住権は，非嫡出子に平等の法定相続分を認めた平成25年９月４日の最高裁判所の違憲決定があったことで創設された制度です。

婚外子が遺産分割協議に登場すると，今後は実子と平等の法定相続分を主張することになります。婚外子は自分の親の相続の時に遺産を取得しておかないと，再婚相手に相続があったときには遺産分割協議に参加できません。配偶者居住権を設定すれば，所有権は婚外子に取得させ，かつ，配偶者は居住の継続が可能になるというわけです。もともとは配偶者の相続分を増やす議論が出ましたが反対意見が多く実現しませんでした。その代わりに配偶者居住権や３で説明する居住用不動産の持ち戻し免除などの配偶者保護策が創設されたのです。

ただ，仲が良好とはいえない他人の物件に居住しつづけるのは居心地が悪いでしょう。婚外子にとっても，数十年にわたり使用収益，処分ができない不動産になってしまいます。さらに修繕などの費用の負担をめぐって将来のトラブルを予感させます。

### ３　婚姻期間が20年以上の夫婦間の贈与等の持ち戻し免除

通常は被相続人が配偶者に財産を生前贈与または遺贈をした場合は持ち戻し計算をします。つまり，遺贈等を受けた場合，配偶者はすでに相続財産の一部の先渡しを受けたものとみなされ，遺言に記載されていない遺産についての遺産分割協議においては相続分が減ることになります。ただし，仮に相続分以上の生前贈与があった場合でも財産を返還する必要はありません。ここは金銭での支払義務が生じる遺留分侵害と考え方が異なる部分です。

これに対し，婚姻期間が20年以上の夫婦間で居住用不動産が贈与あるいは遺贈されると，被相続人が残された配偶者の老後の生活を考慮したものであり，相続財産の先渡しとは扱いません。持ち戻し計算をしないため遺産分割協議において配偶者の取り分が減ることはありません（民法903④）。

持ち戻し免除の規定は，配偶者居住権についても準用されますので，遺言で設定された配偶者居住権の持ち戻し計算は行われず，配偶者の相続分が減ることはありません（民法1028③）。

### ４　配偶者居住権と相続税

配偶者居住権は建物の相続評価額から所有権の評価額を控除した金額として

計算されます。では所有権をどのように評価するかというと，配偶者居住権が満了し，完全な所有権を手に入れる時の将来の時価を現在価値に割り引いた金額です。

具体的には，配偶者の年齢に基づく平均余命を配偶者居住権の存続期間とし（相規12の３），存続期間満了時の価額に３％の複利現価率を用いた現在価値とされます。存続期間満了時の価額は，相続時の評価額から償却費を控除した後の簿価です。平均余命は厚生労働省が男女別，年齢別に作成する完全生命表を使用します（相法23の２）。

配偶者居住権＝建物の評価額－所有権
所有権＝建物の評価額－配偶者居住権

**【配偶者居住権と所有権の評価の考え方】**

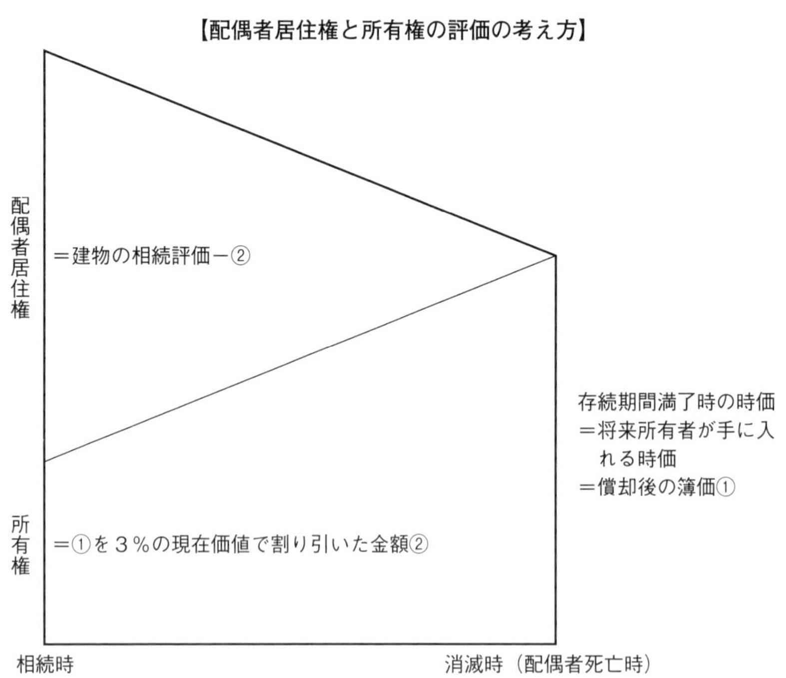

また，敷地利用権も相続評価額から所有権の評価額を控除した金額です。宅地は存続期間満了時も時価は変わらないと仮定して計算するため，相続評価額に３％の複利現価率を用いた現在価値が所有権の評価額になります。

敷地利用権＝宅地の評価額－所有権
所有権＝宅地の評価額－敷地利用権

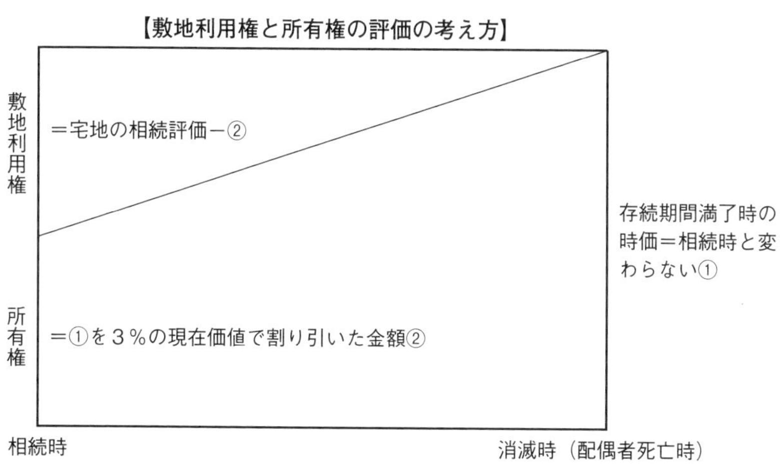


時間の経過と共に配偶者居住権（敷地利用権）の価値が減っていき，配偶者が亡くなる時には価値がゼロとなる仕組みであり，２次相続においては配偶者の遺産にはならず相続税の対象になることはありません。民法においても相続されない資産とされています。なお，平均余命よりも早く亡くなる場合もあればもっと長生きすることもありますが，申告時点においては合理的な見積もり計算をしていることから修正申告等の必要はありません。

## 5　配偶者居住権の消滅と課税問題

令和２年度税制改正では配偶者居住権を合意解除した場合の税務の取扱いが明確になりました。

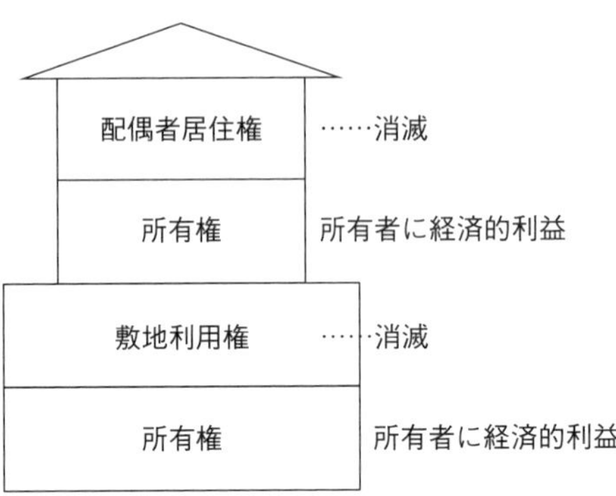


配偶者居住権は，いつでも所有者と配偶者が合意して解除・放棄することができます。配偶者居住権の消滅に伴い所有者に利益が生じるため贈与税の問題が生じます。所有者が配偶者に適切な対価を支払えば贈与税課税はありません（相基通９－13の２）。

具体的事例としては，配偶者居住権を設定した土地建物を第三者に譲渡することになった場合にこの課税問題が生じます。配偶者居住権は譲渡できない資産ですから，譲渡にあたって消滅させておくことになります。このときに贈与税課税を避けようと思えば所有者から配偶者に対価を支払うことになります。

配偶者は受け取った対価を譲渡収入とし，取得費（所法60③，所令169の２）を控除して譲渡所得を申告します。配偶者居住権・敷地利用権ともに分離譲渡所得ではなく総合譲渡所得になります。分離課税なのか総合課税なのかは気になる論点でしたが，配偶者居住権等は，分離課税の対象になる建物や土地等には該当しないことが通達において明らかになりました（措通31・32共－１）。相続税法上，借家権と同様に債権の譲渡として取り扱われます。したがって損益通算や赤字の繰り越しができます。当然ながら，居住用財産の3,000万円控除は適用できません。

## Q42 配偶者居住権と小規模宅地特例

**配偶者居住権を設定した場合の小規模宅地特例の適用について事例で検討してください。**

**A** 配偶者居住権の設定に基づく敷地利用権には配偶者の特例が適用できます。また，所有者は同居特例や生計一親族の特例が適用できます。具体的計算にあたっては面積調整の理解が必要です。

（法令・通達） 措令40の2⑥，措通69の4－1の2

### 解説

#### 1　配偶者居住権と小規模宅地特例

敷地利用権は土地の上に存する権利ですので小規模宅地特例の適用が可能とされ，令和元年度税制改正で，限度面積を調整する条文が追加されました（措令40の2⑥，措通69の4－1の2）。居住用の宅地を敷地利用権と所有権に分けるためそれぞれ要件を満たせば減額が可能です。

【設問】
父親の所有する居宅について，父親に相続が開始したので，居宅は息子が相続したが，配偶者居住権を設定した。母親は小規模宅地特例は使えるのか。敷地の評価額は5,000万円（敷地利用権2,000万円・所有権3,000万円）と計算される。敷地面積は250㎡ある。宅地には母親と息子が父親と同居していた。

宅地の面積を評価額で按分し適用面積を計算します。また，息子も同居親族に該当するため同居特例が適用できます。以下の計算ではあわせて250㎡です。宅地の面積が限度面積（330㎡）以内であれば，結果として敷地利用権も所有権も評価額全額に対して80％減額が可能になります。

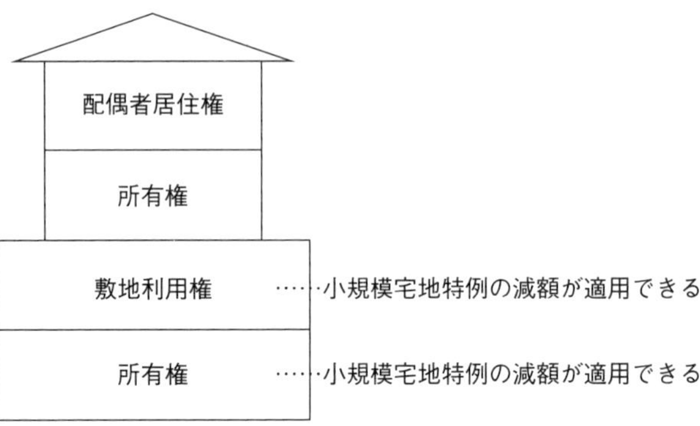


【母親が取得した敷地利用権の面積】

$$250㎡ \times \frac{2{,}000万円}{5{,}000万円} = 100㎡$$ ……配偶者の特例の対象面積

【息子が取得した所有権の面積】

$$250㎡ \times \frac{3{,}000万円}{5{,}000万円} = 150㎡$$ ……同居特例の対象面積

【減額できる金額】

母親　5,000万円×100㎡/250㎡×80%＝1,600万円（減額）

＋

息子　5,000万円×150㎡/250㎡×80%＝2,400万円（減額）

あわせて250㎡なのでOK

## ２　面積調整の考え方

【設問】
１の事例で宅地の面積が400㎡の場合，面積調整はどのようになるか。

面積が330㎡を超える宅地の場合，面積調整をどのように考えるか，これには２つの取扱いが考えられます。借地権と同様とする取扱いと，以下に説明する借地権とは異なる取扱いです。仮に借地権に小規模宅地特例を適用する場合であれば，借地権の評価額に330㎡/400㎡を乗じた金額が減額対象です。借地権の評価額全体を減額の対象にすることはできません。

【借地権に小規模宅地特例を適用する場合】

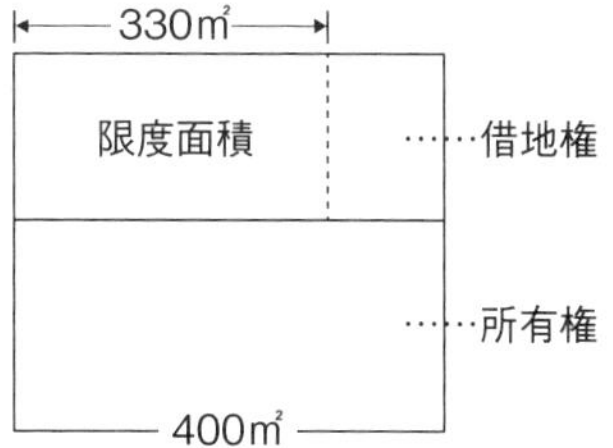


※借地権の評価額を2,000万円とする

$$2{,}000\text{万円} \times \frac{330\text{㎡}}{400\text{㎡}} = 1{,}650\text{万円}$$
……小規模宅地特例の対象となる金額

これに対し，配偶者居住権では，借地権とは異なる考え方を採用しています。配偶者居住権設定に伴う敷地利用権には優先的な適用が可能になっています。この事例では配偶者居住権に基づく敷地利用権全体が330㎡の範囲内になります。借地権のような横切りではなく縦切りと考えるとよいでしょう。

【敷地利用権の限度面積の考え方（措令40の２⑥)】

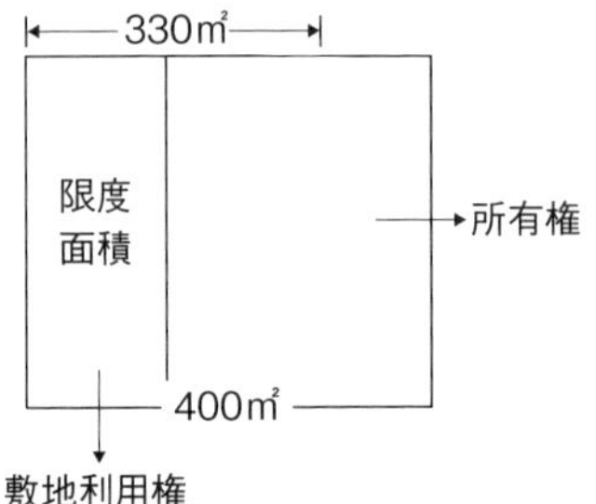


【母親が取得した敷地利用権の面積】

$$400㎡ \times \frac{2{,}000万円}{2{,}000万円+3{,}000万円} = 160㎡$$
……配偶者の特例の対象面積

【息子が取得した宅地の面積】

$$400㎡ \times \frac{2{,}000万円}{2{,}000万円+3{,}000万円} = 240㎡$$
……同居特例の対象面積

小規模宅地特例を適用するにあたっては，配偶者は160㎡の土地を取得し，所有者は240㎡の土地を取得したものとみなします。結果として，敷地利用権は，評価額全体が減額の対象になります。この取扱いは，令和元年度税制改正によって追加された措置法施行令40条の２第６項から読み取ることができます。

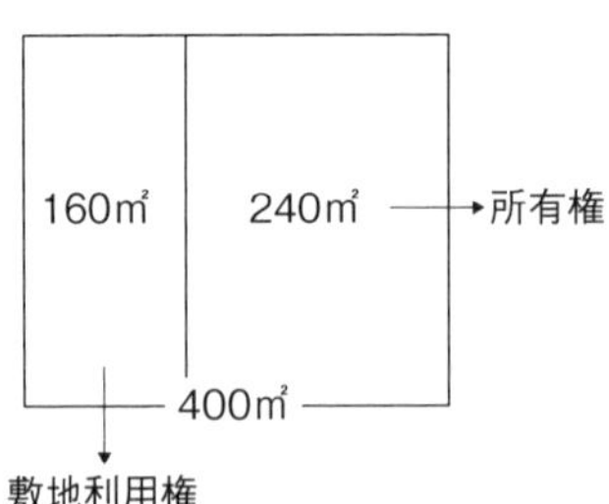

330㎡の限度面積を母親と息子が分け合うことになりますから，どちらを優先的に選択しても減額できる金額に有利不利はありません。また，両者をあわせた減額可能額は，配偶者居住権を設定せずに配偶者が単独で居宅を相続した場合の減額可能額と同額になります。このように，配偶者居住権を設定した場合の小規模宅地特例の適用については，可能な限り不利益にならないよう配慮されています。

結果として，共有の場合と同様の取扱いになります。仮に，母親が40%，息子が60%の共有持分を取得した場合と，小規模宅地特例の減額は同じです（Q8「小規模宅地特例における共有は羊羹型」参照）。小規模宅地特例にはもともとこのような考え方が包含されていると考えられます。

## ３　生計一特例が適用できる場合

【設問】
父親の所有する居宅には，母親と息子が居住していたが，父親は別居しており別の居宅に住んでいた。父親が母親と息子の生活費を送金していた。父親に相続が開始したので，居宅は息子が相続したが，母親が配偶者居住権を設定する遺産分割協議が確定した。

この事例では敷地利用権に小規模宅地特例が適用できることに加え，息子は生計一親族の特例が適用できます。

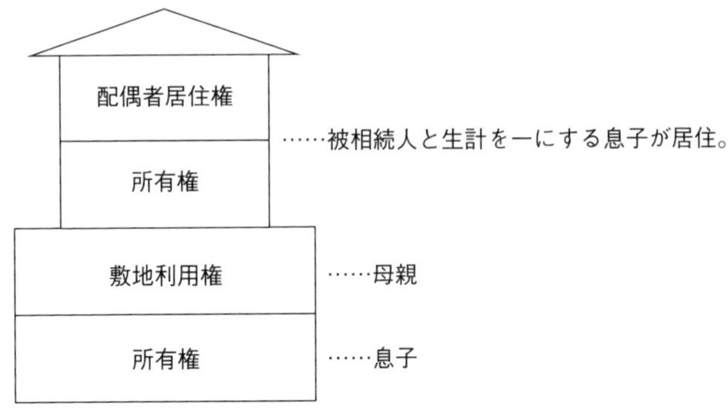


なお，配偶者居住権が設定できる事例で家なき子特例が使えることはありません。家なき子特例は配偶者がいないことが要件になっているからです。

## 4　土地の所有者が被相続人ではない場合

【設問】
居住用の家屋は父親の名義で敷地は別の親族から無償で借りていた。父親に相続が開始したので家屋は息子が相続したが，母親のために配偶者居住権を設定した。

建物に配偶者居住権を設定する場合に，敷地が被相続人の所有ではないことも考えられます。この事例の場合，建物については，配偶者居住権を母親が，所有権を息子が取得し，それぞれ相続税の対象になります。

これに対して敷地は別の親族から無償で借りていますから（使用貸借），建物の所有権を取得した息子が，相続税の対象となる土地の権利を取得することはありません。

また，配偶者居住権に基づく敷地利用権が生じることもありません。あくまで建物所有者が有する利用権の範囲内で敷地利用権が行使できるにすぎないと考えるからです（国税庁HP「相続税及び贈与税に関する質疑応答事例（民法（相続法）改正関係について（情報）（事例１－９）」）。

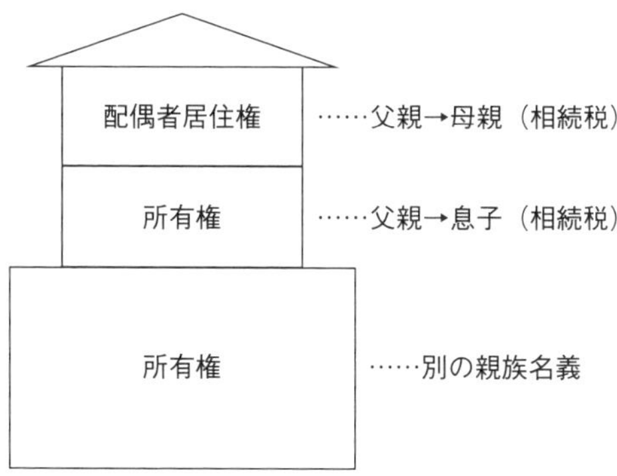


**スタッフへのアドバイス**

**配偶者居住権の節税利用**

相続人同士が揉めそうな相続では，遺言で配偶者居住権を設定すれば，不仲の子供に所有権を取得させながらも，配偶者は一生涯の居住権が確保でき，さらに遺留分の問題も解決できると説明されています。しかし，子供の所有する居宅に不仲の母親が住むこと自体，紛争を継続させる要因にしかなりません。

結局，配偶者居住権は紛争解決の手段ではなく節税手法として議論されています。こちらは小規模宅地特例とは異なり節税テクニックの色彩が強い印象です。小規模宅地特例には税法的な正義がありますが，配偶者居住権の節税利用にはそれがありません。

配偶者居住権の設定は一般的な節税手法として認められるのか。税理士にとっては難しい判断が要求されることになってしまいました。

## Q43 配偶者居住権と小規模宅地特例の具体事例の検討

配偶者居住権を設定した場合の小規模宅地特例の事例について検討してください。

**A** 配偶者居住権を設定した建物が賃貸併用住宅や事業併用住宅の場合は，民法と税務の違いを理解しておく必要があります。

法令・通達　措令40の2⑥，措通69の4－4の2，69の4－7の2，相続税及び贈与税に関する質疑応答事例（民法（相続法）改正関係）について（情報）

### 解説

#### 1　賃貸併用住宅の場合

【設問】
父親は土地建物を所有し1階を第三者に貸し付け，2階で母親・息子と同居していた。父親に相続が開始し，土地建物は息子が相続したが，遺産分割協議によって配偶者居住権を設定した。

建物の一部が事業用であるなど複数の利用区分がある場合の小規模宅地特例の適用にあたっては，まず敷地を居住用と事業用に区分し，区分した敷地を敷地利用権と所有権に分けて評価します。そして取得者ごとに小規模宅地特例を判定します。

この事例では，建物の床面積に基づき，2階に対応する居住用と1階に対応する貸付事業用とに敷地を区分します。その区分ごとに敷地利用権と所有権を評価します。母親と息子は，自分が取得した権利ごとに小規模宅地特例の適用を判定します。

ただし1階部分は，配偶者居住権および敷地利用権を評価しません。配偶者居住権は建物全体に成立し（民法1028），敷地の全体に対して敷地利用権が成立します。しかし，建物のうち貸し付けられている１階については相続開始前から賃借人の権利が生じており，排他的な第三者の占有権である貸家部分について，配偶者は居住権を事実上主張できないため，税法では配偶者居住権および敷地利用権はないものとします（相法23の２，相令５の８）。

したがってこの事例では，２階部分についてのみ配偶者居住権および敷地利用権が評価されます。１階部分は評価額全体を所有権として評価することになります。

【相続開始後】

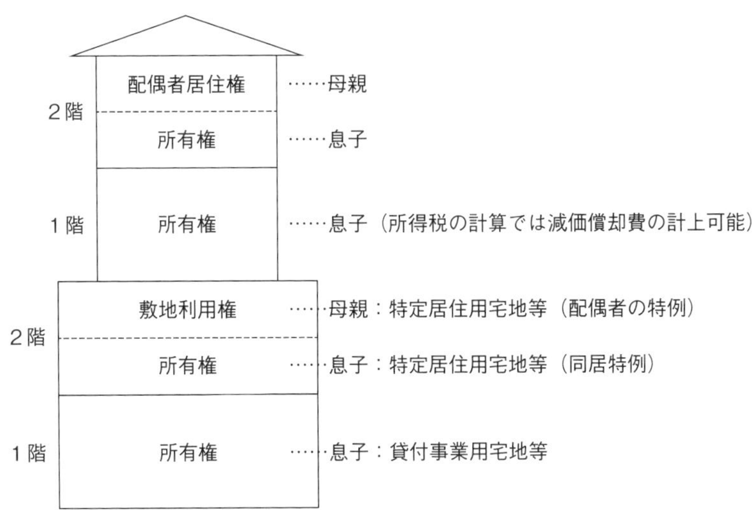


これらはあくまで税法上の取扱いであり，民法上，配偶者居住権は建物全体に及び，配偶者居住権の登記は建物全体について１つの登記となります。

次に，貸付事業は誰が承継することになるのでしょうか。貸付事業の貸主の地位は建物の所有者（息子）が承継します。配偶者が賃貸借契約を承継することは通常想定できません。したがって，敷地のうち貸付事業の１階対応部分は，貸家建付地評価を行い，所有権を取得した息子が貸付事業用宅地等の特例によって50％減額を適用することができます。

敷地のうち２階対応部分は，敷地利用権と所有権に割り振られることになります。そしてこの事例では，敷地利用権と所有権は，いずれも特定居住用宅地等に該当し，配偶者の特例と同居特例が適用できます。

面積の選択について以下の数値を使って計算します。

敷地の面積　400㎡
建物は１階と２階は同じ面積
敷地全体の評価額　5,640万円
　２階部分の敷地の評価額　3,000万円
　　敷地利用権　　1,200万円
　　所有権　　　　1,800万円
　１階部分の敷地の評価額は2,640万円（貸家建付地評価）
　　敷地利用権　　　　0円
　　所有権　　　　2,640万円

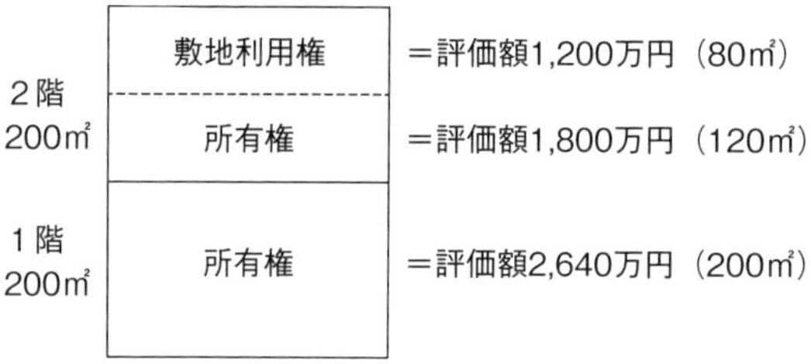

| | | |
|---|---|---|
| ２階<br>200㎡ | 敷地利用権 | ＝評価額1,200万円（80㎡） |
| | 所有権 | ＝評価額1,800万円（120㎡） |
| １階<br>200㎡ | 所有権 | ＝評価額2,640万円（200㎡） |

【権利ごとの面積の計算】

①　２階部分の面積（200㎡）を評価額で割り振って敷地利用権と所有権に分ける

$$200㎡ \times \frac{1,200万円}{3,000万円} ＝80㎡（２階部分の敷地利用権）$$

$$200㎡ \times \frac{1,800万円}{3,000万円} ＝120㎡（２階部分の所有権）$$

②　１階部分の200㎡はすべて所有権

【小規模宅地特例の選択】

特定居住用宅地等を優先するものとすると，以下の算式のとおり，貸付事業用宅地等は78㎡が限度となる。

$$\text{特定居住用宅地等}（80㎡+120㎡）\times \frac{200㎡}{330㎡} + \text{貸付事業用宅地等}78㎡ \leqq 200㎡$$

相続後，所得税における不動産所得の申告は所有者が行うことになりますし，建物のうち所有者が１階部分の簿価を承継しますから，不動産所得の計算上，減価償却費を計上することができます。

なお，貸家が空室である場合は第三者の権利が生じておらず，配偶者居住権に基づく使用・収益が可能ですから，敷地についても敷地利用権を評価することになります。具体的には敷地の評価額を賃貸部分と空室部分に区分し，空室部分については敷地利用権と所有権に割り振ることになります。空室部分については敷地利用権，所有権のいずれも小規模宅地特例の適用はありません。

【空室がある場合の敷地の区分】

## 2　店舗併用住宅の場合

【設問】
父親は土地建物を所有し，１階で小売業を営み，２階で母親と同居していた。父親に相続が開始し，土地建物は息子が相続したが，遺産分割協議によって配偶者居住権を設定した。小売業を母親が承継する場合と，息子が承継する場合で小規模宅地特例の適用はどのようになるか。なお，息子は別生計で自ら所有する家に住んでいる。

この事例は，被相続人が建物の一部で事業を営んでいた場合です。1の不動産貸付業とは異なり，第三者の権利は生じていませんので建物全体について配偶者居住権を評価することになります。つまり１階部分と２階部分いずれにも配偶者居住権への割り振りが必要です。

まず，２階に対応する敷地利用権部分は特定居住用宅地等に該当し配偶者の特例による80％減額が可能です。息子は特定居住用宅地等の特例は適用できません。

次に，１階対応部分ですが，母親が事業を承継した場合は敷地利用権が特定事業用宅地等に該当することになります。

息子が事業を承継する場合は所有権部分が特定事業用宅地等に該当します。建物を使用・収益する権利は母親にありますので，配偶者利用権を無償で息子が使用する形になります。

【母親が事業を承継する場合】

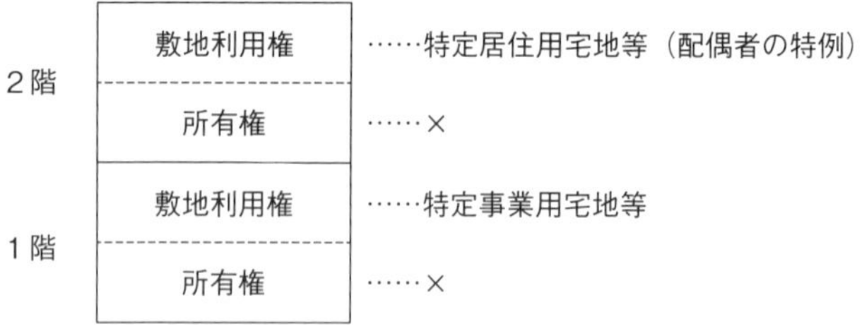

【息子が事業を承継する場合】

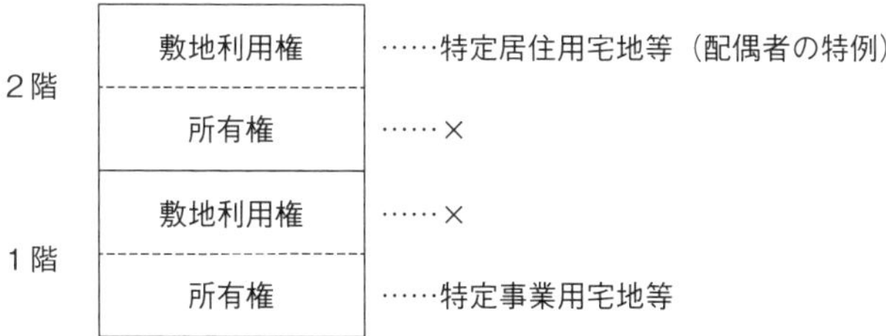


【まとめ】

| 相続人 | 居住 | 賃貸 | 空室 | 店舗 |
|---|---|---|---|---|
| 配偶者 | 敷地利用権○ | 所有権◇ | 敷地利用権× | 敷地利用権△ |
| 所有者 | 所有権○ | | 所有権× | 所有権△ |

特定居住用宅地等○
特定事業用宅地等△
貸付事業用宅地等◇
適用なし×

### 3　配偶者居住権が設定された建物の敷地について相続があった場合

【設問】
父親に相続が開始し（1次相続），居住用の土地建物は息子が相続したが，母親のために配偶者居住権を設定した。その数年後，息子が母親よりも先に亡くなった（2次相続）。2次相続において，母親が居住している場合と，母親が老人ホームに入所し，別の親族が居住している場合に分けて，小規模宅地特例の適用がどのようになるか教えてほしい。

ここで検討したいのは，配偶者居住権が設定された建物の敷地の所有者に相続があった場合です。配偶者居住権を設定しているわけですから，配偶者が居住しているのが通常ですが，老人ホームに入所するなどして，居宅には別の親族が居住していることも考えられます。

そうなると，いろいろな相続のパターンが考えられますが，考え方は通常の場合と変わりません。

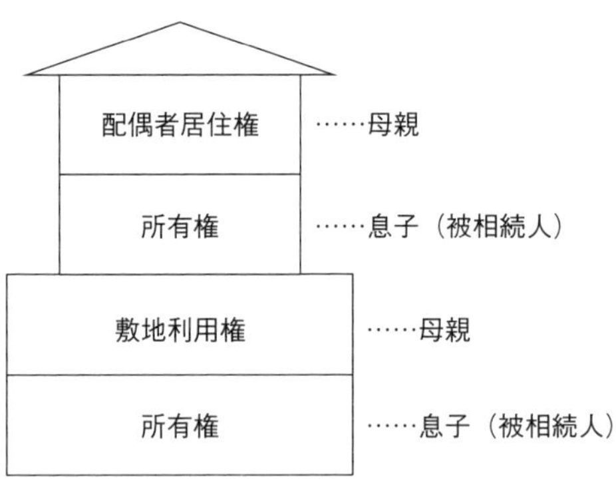


母親と息子が同居していると，母親は同居特例が適用できます。母親が一人暮らしの場合だと，母親が息子と同一生計であれば生計一親族の特例が適用できます。母親が老人ホームに入所しており，息子が居住している場合だと息子の居住用宅地になります。いずれにしても，居住しているのが被相続人またはその生計一親族であれば，特定居住用宅地等の特例が適用できます（措通69の

４－７の２)。

なお，母親が亡くなった場合は，配偶者居住権や敷地利用権は相続財産にはなりませんので，相続税の課税関係は生じません。では，母親が敷地の所有者だとどうでしょうか。つまり１次相続で母親が土地を相続，建物は息子が相続し，建物に配偶者居住権を設定する場合です。土地所有者が配偶者であれば敷地利用権を区分する必要はありませんので，敷地は全体が所有権になります。小規模宅地特例は通常どおりに考えるとよいでしょう。

【２次相続直前】

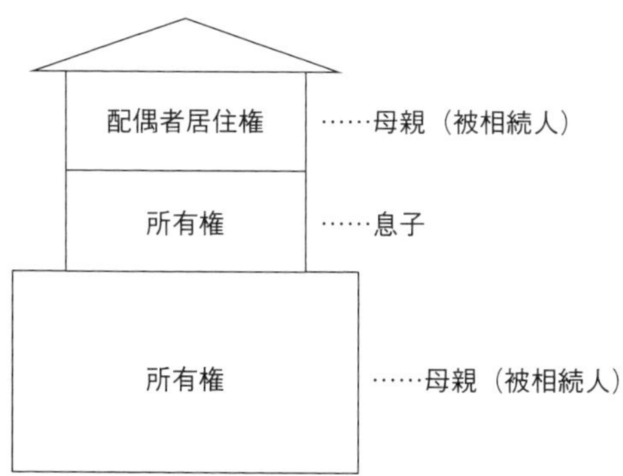


【設問】
父親は建物を所有し，１階を第三者に賃貸し，２階で母親と居住していた。父親に相続が発生し（１次相続），所有権は長男が相続したが，母親のために配偶者居住権を設定した。その数年後，長男が母親よりも先に亡くなった（２次相続）。所有権は長男の子供が相続し，貸付事業も継続している。長男の子は自分の持ち家に居住している。２次相続において，小規模宅地特例の適用はどのようになるか。

【長男が亡くなる直前の利用状況（敷地）】

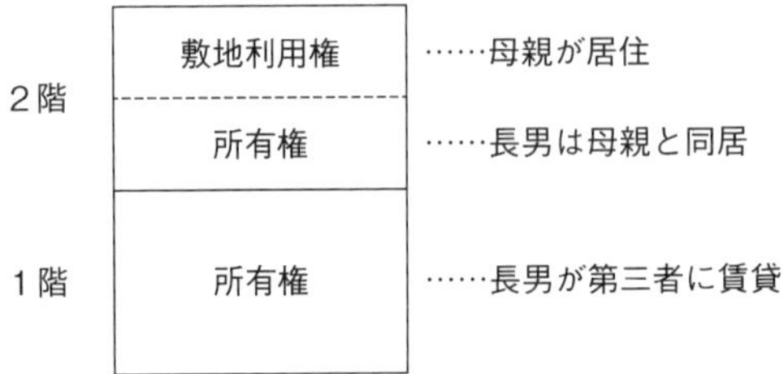


事業用の宅地についても居住用と考え方は同じです。２次相続の事例を確認しておきましょう。

１階部分は，１で確認したように，第三者（賃借人）に対しては配偶者居住権を主張できませんので，敷地利用権はなく所有権のみとなります。長男の子は所有権を取得し貸付事業を継続していますので，貸付事業用宅地等に該当します（措通69の４－４の２）。

なお，２階部分ですが，敷地利用権は母親の権利ですから長男の相続財産ではありません。長男の子が，長男から相続するのは所有権です。この事例では特定居住用宅地等に該当しませんので小規模宅地特例は適用できません。

## Q 44 遺留分制度の改正と小規模宅地特例

**民法改正による遺留分制度の変更点について教えてください。また小規模宅地特例にどのような影響がありますか。**

**A** 遺留分の請求が金銭債権化され，遺留分算定の基礎となる財産に算入される生前贈与財産は，親族への贈与については相続開始前10年内の贈与財産に限ることになりました。遺留分の侵害額請求による土地の引き渡しがあったときに，これまで認められていた小規模宅地特例の差し替えは今後，認められなくなります。

（法令・通達）　民法1046，1047⑤，所基通33－１の６

### 解説

#### 1　遺留分の改正

##### (1)　遺留分侵害額請求では金銭債権が生じることに

民法改正によって遺留分制度が変わりました。変更点は２つあります。

１点目は，遺留分侵害額請求の際に金銭の請求のみができるようになったことです（民法1046）。改正前であれば遺留分権利者からの請求により共有になった不動産は共有物分割手続きにより解消していました。

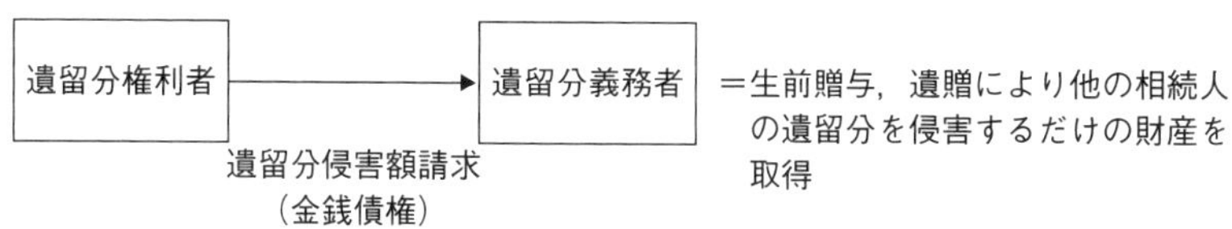


今改正は請求する側である遺留分権利者の保護を強めている印象です。仮に不動産と非上場株が遺産の大半であるような場合に，遺留分の請求を受けると，遺留分義務者は財産を処分したり借入をしてでも資金を捻出する必要があります。遺留分権利者は換金価値のない遺産に対しても金銭が請求できるわけです

から権利者側に有利になることが大半と思います。

金銭の準備ができない場合には固有財産を差し押さえることも可能です。なお，すぐに資金が準備できない場合，裁判所に対して支払期限の猶予を求めることができます（民法1047⑤）。

たしかに旧法では共有状態が長期化する可能性があり，この解消が改正の目的といわれます。改正後は，資金さえ準備できれば早期解決可能となったからよい改正だという意見があります。しかし，旧法でも遺留分義務者が現物を渡したくない場合は金銭による価額弁償を選択できました。その点でも旧法に問題があったとは思えず，遺留分義務者に不利な改正になったという印象があります。なお，改正後は遺留分義務者には，現物財産の引渡しを選択する権利はありません。

税負担の上で落とし穴になりそうなのが，当事者が合意して現物資産を引き渡すと，代物弁済に該当することです。遺留分義務者の固有財産だけでなく，贈与や遺贈で取得した土地を引き渡した場合でも譲渡所得が生じることになります（所基通33－１の６）。つまり，所得税は遺留分義務者が負担することになります。遺留分義務者固有の不動産を渡した場合や，生前贈与を受けて使用収益していた不動産を引き渡した場合だと値上り益に係る所得税負担が生じるのはやむを得ません。問題は，遺言で取得した資産をほとんど使用しないまま引き渡した場合にも，被相続人の保有期間における値上り益に対する所得税を遺留分義務者が負担せざるを得ないことです。逆に不動産を受け取った遺留分権利者は，時価が取得費になるわけですから，すぐに不動産を譲渡しても譲渡所得がほとんど生じないことになります。従来にも増して遺留分を侵害する贈与や遺言はリスクになります。

なお，遺留分侵害額を請求された遺留分義務者の更正の請求期限は従来と変わりませんので，遺留分侵害額の請求に基づき支払うべき金銭の額が確定した日の翌日から４月以内となります（相法32①二）。

### (2)　相続人への生前贈与は相続開始前10年間に限る

次に２点目の改正として，相続人に対する贈与について遺留分算定の基礎に含まれるのは相続開始前10年間に限定されることになりました（民法1044③）。改正前は相続人に対して行われた生前贈与については，年数の制限なく過去の贈与のすべてが遺留分算定の対象になっていました（最高裁平成10年３月24日判決・判例時報1638号82頁）。

年数に制限がないことのわかりやすい問題点が次の事例です。高齢の被相続人が再婚する場合に，後々に揉めることがないよう子供たちに財産を生前贈与していたとします。これが相続時になって，後妻は子供たちに結婚前の贈与財産につき遺留分侵害額を請求できることになってしまうのです。この問題を解消する妥協点として10年という制限を設けたのは評価できると思います。

しかし，遺留分の侵害を知って贈与した場合はこの限りではありません（民法1044①）。たとえば事業承継税制への影響はどうでしょうか。この制度を使うからには株式を多額に生前贈与することが想定されるので遺留分を侵害する可能性があります。改正後は生前贈与から10年が経過すれば遺留分が問題になるリスクが軽減されます。しかし，専門家を交えて実行するわけですから，侵害を知っていたと認定される可能性が高いことも想定する必要があります。

遺留分制度に関する見直しの改正は令和元年７月１日から施行されています。これ以前の相続については，従来の取扱いになります。今後は相続の発生時期によって遺留分の取扱いが異なることになります。仮に，令和元年の６月に相続があれば遺産は共有状態になり相続人への生前贈与は無制限に遡ります。施行後の７月の相続だと金銭債権が生じますが，遡るのは相続前10年までということになります。

## 2　遺留分と小規模宅地特例

【設問】
次男は，土地ＡとＢの遺贈を受けて土地Ｂに小規模宅地特例による80％減額を適用した。しかし長男から遺留分侵害額請求を受けた。請求されたのは1,200だったので，合意のうえ土地Ｂを引き渡した。小規模宅地特例の適用に変更はあるのか。

次男が取得した財産

| | | |
|---|---|---|
| 宅地Ａ | 1,000 | |
| 宅地Ｂ | 240 | （＝1,200×20％） |
| 宅地以外 | 2,600 | |
| | 3,840 | ……申告した遺産の価額 |

もともと小規模宅地特例には当初申告要件があるため，申告後の差し替えを認めません。しかし，従来から，遺留分減殺請求という後発的事由があった場合には差し替えを認める実務がありました（国税庁HP質疑応答事例「遺留分減殺に伴う修正申告及び更正の請求における小規模宅地等の選択替えの可否」）。つまり，当初の選択に瑕疵があったような場合です。民法改正前であれば更正の請求や修正申告によって土地Ａに適用することが認められていました。

また遺留分権利者である長男も要件さえ満たせば土地Ｂに小規模宅地特例が認められていました。仮に被相続人と長男が同居していたのであれば修正申告によって特定居住用宅地等の80％減額が可能でした。

しかし，民法改正後は，金銭債務の代物弁済として土地を譲渡したに過ぎません。次男は確定した金銭債務に基づく更正の請求はできますが，別の土地Ａへの小規模宅地特例の適用は認められません。また，宅地Ｂに適用した小規模宅地特例を訂正する必要もありません。

長男が取得したのは金銭債権であり，土地Ｂは代物弁済による取得ですので，土地を相続・遺贈で取得したことにならず小規模宅地特例は適用できません。

結果として，次男は金銭債務を減額して更正の請求を行い，長男は金銭債権に基づき期限後申告等を行いますので相続税の総額に変動はありませんが，相続人各々の税負担では，小規模宅地特例の取消しを要求されない次男が有利になります。

【次男】　3,840－1,200＝2,640（更正の請求）
【長男】　　　　　　　　1,200（期限後申告）
　　　　　　　　　　　　3,840（トータルは変わらない）

## ３　遺留分侵害額請求があったときの圧縮計算

> 【設問】
> 弟が遺贈により取得した土地Ａが遺留分を侵害しているとして，兄が遺留分侵害額を請求した。土地Ａの相続時の時価8,000万円に基づき遺留分侵害額として2,000万円の支払いが確定した。なお，土地Ａの相続時における相続税評価額は5,000万円だった。

遺留分減殺請求により支払金額が確定したときは，代償分割と同様の圧縮計算（相基通11の２－10）が認められます（相続税及び贈与税に関する質疑応答事例（民法（相続法）改正関係）について（情報）事例２－１）。

たとえば，遺贈が遺留分を侵害したときは，遺留分侵害による金銭の額は，遺贈財産の相続時の時価を基にしますので，以下の算式による圧縮計算が認められます（P.187参照）。

$$\text{遺留分侵害額} \times \frac{\text{遺留分侵害の基になった財産の相続時の相続税評価額}}{\text{遺留分侵害の基になった財産の相続時の時価}}$$

実際の数値を使って課税価格を計算すると以下のとおりになります。

$$\text{2,000万円} \times \frac{\text{5,000万円}}{\text{8,000万円}} = \text{1,250万円}$$

兄（遺留分権利者）の課税価格＝相続により取得した現物財産＋1,250万円
弟（遺留分義務者）の課税価格＝相続により取得した現物財産－1,250万円

【設問】
上記設問において，遺贈により取得した土地Ａに，弟が小規模宅地特例による減額を行っていた場合はどのようになるか。

土地Ａに小規模宅地特例の減額が行われていた場合はどうなるでしょうか。この場合は代償金の圧縮計算と同様，小規模宅地特例の適用前の価額で計算することになります（相続税及び贈与税に関する質疑応答事例（民法（相続法）改正関係）について（情報）事例２－２）。

$$\text{遺留分侵害額} \times \frac{\text{遺留分侵害の基になった財産の相続時の相続税評価額（小規模宅地特例適用前）}}{\text{遺留分侵害の基になった財産の相続時の時価}}$$

**スタッフへのアドバイス**

**遺産分割のツールとしての小規模宅地特例**

税法の専門家であれば，小規模宅地特例が利用できるように遺産の分割方法をアドバイスします。また，小規模宅地特例や配偶者の税額軽減を意識しない相続人はいないでしょう。遺産をどう分割するかを決めるのは相続人ですが，税法の優遇措置は分割方法に直接的な影響があります。これらの制度を利用することによる節税効果は大きいので，可能な限りこれらの制度を利用するための遺産分割を実施するのが自然なことです。

しかし一方で，財産をどの相続人が取得し，その後どのように運用するかを，税負担だけで決めるのは間違いです。たとえば，配偶者の税額軽減や小規模宅地特例を受けられない不利益を承知で相続人が遺産分割をすることもあります。そこで税理士が節税に拘泥していては本末転倒です。

税理士は，優遇措置を活用してあるべき遺産分割を後押しする視点と，税負担だけでは納税者の期待には沿えないという両方の視点を常に持つ必要があります。テクニックとしての節税計算ではなく，納税者の想いに沿いつつも，税法の視点を加味して，納税者とは異なる視点から遺産分割や財産管理のアイデアを提案すべきです。

## Q45 空き家譲渡特例と小規模宅地特例

いわゆる空き家譲渡特例と小規模宅地特例の関係について教えてください。

**A** 一人暮らしだった被相続人の居宅を相続した場合には，家なき子特例が適用できるとともに，その空き家を譲渡したときは空き家譲渡特例が適用できます。

法令・通達　所法33，措法35，措令20の３，23，措規18の２

### 解説

#### １　制度の本質は取壊し譲渡特例

空き家譲渡特例（措法35）は，一人暮らしの被相続人の居宅を空き家として相続した場合に，令和５年12月31日までの間にその空き家を売却することで譲渡所得から3,000万円の控除を認める特例です。空き家は昭和56年５月31日以前に建築したもので，耐震基準を満たすか，耐震基準を満たさない場合は取り壊すことが要件となります。

【設問】被相続人が残した空き家の税務
一人暮らしだった母が亡くなった。母名義の居宅は別居の私が相続するが，相続税の申告期限後に譲渡するつもりだ。

親と子は別居する時代ですので２次相続では空き家を相続する事例が増加してきました。小規模宅地特例については家なき子特例の適用を検討すると同時に，空き家譲渡特例による3,000万円控除（措法35）が適用できないか確認することになります。両制度は一人暮らしだった被相続人の居宅を相続する点で共通しています。要件さえ満たせば両方の制度を適用することも可能です。その場合，小規模宅地特例には相続税の申告期限までの継続保有要件があるので，申告期限後に譲渡することが前提となります。

相続税　＝　家なき子特例（措法69の４③二ロ）
所得税　＝　空き家譲渡特例（措法35）

【空き家譲渡特例の要件】措置法35
1　被相続人が一人で居住の用に供していた家屋であること
2　譲渡価額が１億円以下であること
3　相続開始日から３年経過日の属する年の12月31日までに売ること
4　区分所有建物登記がされている建物でないこと
5　昭和56年５月31日以前に建築したものであること
6　譲渡時において耐震基準に適合すること
7　もしくは取り壊して譲渡すること
8　相続時から譲渡時まで空き家のままであったこと
9　建物のみ，建物と土地，建物を除却後の土地のみいずれも適用可

この制度の特徴は，家屋が昭和56年５月31日以前に建築されたものに限っていることです。昭和53年６月に発生した宮城県沖地震をふまえ昭和56年６月１日以降の建物は新耐震基準で建築されています。それ以前の旧耐震基準の建物が空き家譲渡特例の対象です。

この制度がわかりづらいのは，旧耐震基準の時代に建築されたものを要件としながら，新耐震基準を要求していることです。ある意味矛盾した要件であり，以下のいずれの事例でも特例は使えません。

【設問】
一人暮らしだった被相続人の自宅を譲渡しようと思う。建物を建築したのは昭和56年６月１日以後なので耐震基準を満たしている。

【設問】
一人暮らしだった被相続人の自宅は昭和56年５月31日以前に建築した建物だが，買主が居住する目的なので建物は現状のまま譲渡した。

適用できるのは，昭和56年５月31日以前に建築された建物につき耐震工事をしてから譲渡するか，あるいは取り壊してから譲渡するかのいずれかになりま

す。実際に耐震工事をしているものはあまりないと思いますので，多くの事例では取り壊すことが必要になります。その意味では「取壊し譲渡特例」と名づけたほうが実務のミスは少なくなるでしょう。空き家になった旧耐震基準の家屋を取り壊すことがこの制度の目的です。

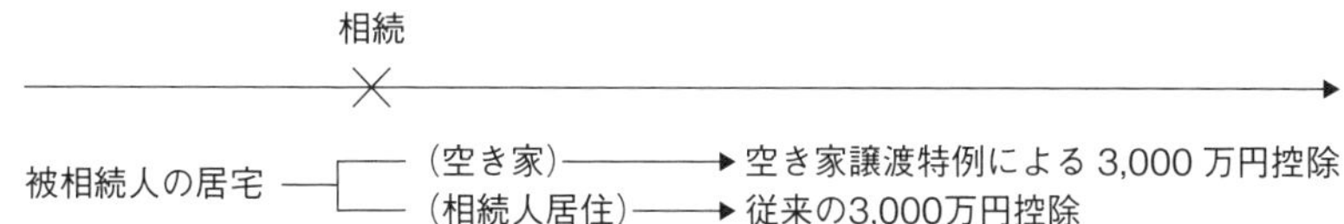


## ２　家なき子特例との関係で理解する

### ⑴　被相続人以外の者が同居していた場合

どちらの制度も被相続人の一人暮らしの家屋が基本となる対象です。家なき子特例は相続直前に被相続人が法定相続人と同居していると適用できませんが，空き家譲渡特例は誰が同居していても適用できません。もし適用を認めたら現に居住する者を追い出して譲渡することを税法が優遇することになってしまうからです。

### ⑵　建物を相続すること

たとえば被相続人が所有する敷地に息子が建物を建てていた場合，空き家譲渡特例は適用できません。この制度は建物を相続することが必要ですので，空

**【図表45－１】　建物を相続することが空き家譲渡特例の要件**

母一人暮らし　建物所有：息子

土地所有：母

き家になった建物を取り壊して売却しても空き家譲渡特例は使えません。ただし，相続後，その建物に息子が居住してから譲渡する場合は，従来の居住用財産の3,000万円控除（措法35①）が適用できます。

なぜ建物の相続が要件なのでしょうか。それはこの制度は従来の居住用財産を譲渡した場合の3,000万円の特別控除（措法35①）の延長の制度だからです。仮に母が存命中に土地建物を譲渡しても，建物の所有者は息子ですから3,000万円控除は使えません。母親が死亡するのを待ってから譲渡すれば3,000万円控除ができる制度にするのは適切ではありません。したがって空き家譲渡特例は建物と敷地をセットで相続した場合を要件にしています。

これに対し，相続税の計算では，家なき子特例を適用することが可能です。小規模宅地特例は建物の所有者が誰であるかにこだわりません。建物の所有者は被相続人でなくてもよいというのは小規模宅地特例に特有の取扱いです。譲渡所得の特例は，建物の譲渡が前提で敷地を同時に譲渡したときに特例が適用できます。主人公はあくまで建物です。

### (3) 遺贈で空き家を取得した孫

相続人ではない孫が，祖母からの遺言により自宅と敷地を取得し，建物を取り壊して譲渡しても空き家譲渡特例は適用できません。相続人であることがこの制度の要件です。

小規模宅地特例は親族であれば適用できますので，遺贈で取得した孫でも要件さえ満たせば家なき子特例が使えます。

## 3 老人ホームに入居した場合

【設問】
一人暮らしの父が老人ホームに入居した。母はすでに亡くなっている。父が亡くなった後，家なき子の私が自宅を相続したら家なき子特例が使える。さらに，相続税の申告期限後に譲渡したら空き家譲渡特例は使えるのだろうか。

家なき子特例には老人ホームの特例があり，相続直前において空き家になっていても被相続人の居住用宅地として取り扱います。これに対し空き家譲渡特例には当初は老人ホームの特例が存在しませんでした。

そのため被相続人が老人ホームに入居したまま亡くなった場合，改正前は両制度で逆転現象が生じていました。つまり，処分困難な資産に認められるはずの小規模宅地特例が資産を処分しているにもかかわらず適用でき，逆に相続後に処分しているのに空き家譲渡特例は使えないという問題です。

そこで平成31年度改正によって，空き家譲渡特例にも老人ホームの特例が認められ不利益は解消されました。ただし要件が家なき子特例よりも厳しくなっています。

1　入所直前までに要介護認定等を受け，かつ相続直前まで老人ホームに入所していたこと（家なき子特例では相続直前までに要介護認定等を受ければOK）
2　以下の要件を満たすこと
　イ　相続直前まで空き家が物品の保管その他の用に供されていたこと。
　ロ　相続直前まで貸付用または被相続人以外の者が居住したことがないこと。
　ハ　入所後の被相続人の主たる居住用家屋が老人ホームであること。

２の被相続人による家屋の使用を証明するために，以下のいずれかの書類が必要です。

①　電気・ガス・水道の使用名義と使用中止日（閉栓日等）が確認できる書類
②　老人ホームが保管する外出，外泊等の記録
③　その他，要件を満たすことが容易に認められる書類

これはかなり厳しい要件です。仮に父が老人ホームに入居した後，自宅の電気や水道等は使用中止にし，外泊したときは息子の自宅で生活しており，かつ，物品の保管としての利用も認められないと，空き家譲渡特例は使えません。いつでも戻ることの出来る住まいを維持することが要求されます。家なき子特例にはこのような要件はありません。

## Q46 法人版事業承継税制と小規模宅地特例

事業用の不動産を個人で所有するか法人で所有するかという視点で，法人版事業承継税制と小規模宅地特例について比較検討してください。

**A** 不動産を法人が所有すると不動産の評価額は株式の価値を構成し，株式については事業承継税制が適用できます。個人が所有する場合は同族会社事業用宅地の特例が受けられます。

（法令・通達） 措法70の７～70の７の８

### 解説

#### 1 事業承継税制における事業承継とは

ここでは平成30年１月から令和９年12月31日まで適用される10年間の特例制度を前提に説明します。

この制度における事業承継とは，株式を贈与もしくは相続で後継者に取得させ，代表者の地位を譲ることを指します。特例制度は10年間の制度ですので，生前贈与が基本ですが適用期間内に現経営者に相続があると相続による納税猶予が選択できます。

代表者の交代と株式の贈与は同時である必要はなく，すでに代表者が交代している会社において株式を一括贈与あるいは相続した場合は事業承継税制が利用できます。しかし，株式の贈与までに代表者の交代が行われない場合は納税猶予が認められません。贈与の時点で事業承継が行われているとはいえないからです

中小企業が制度の対象ですが，資産管理会社はこの制度を利用できず，また納税猶予後に資産管理会社に該当すると納税猶予は打ち切られます。資産管理会社とは，有価証券や遊休不動産・現預金の保有割合が70%以上であるような資産保有型会社や，これらの資産の運用収入が収入の75%以上の資産運用型会社が該当します。この要件は，法人版事業承継税制を適用すると，会社のビジ

ネスモデルが成り立たなくなっても不動産賃貸業に転業できないことを意味します。ただし従業員を５人雇うなどの実態がある場合は資産管理会社に該当しないとする取扱いがあります。

### ２　10年間の特例制度と一般措置の関係

10年間の特例制度は，雇用８割維持要件が事実上要求されないなど，一般措置である恒久制度よりも要件・手続きが緩和されています。令和５年３月31日までに５年以内の特例承継計画を提出し，令和９年12月31日までに株式を後継者に贈与・相続で移動すれば全株式の100％が納税猶予の対象になります。先代経営者以外の複数の株主からの贈与も対象になり，最大３人の後継者が納税猶予の対象になります。事業の継続が困難な事由が生じた場合には，猶予税額の免除制度が準備されています。

一般措置は恒久制度として存続しますので現行では２つの制度が併存しています。

【一般制度よりも優遇される特例制度】
1　対象株数の上限撤廃，猶予割合が100％に
2　８割の雇用要件が事実上廃止に
3　先代経営者以外からの贈与が納税猶予対象になり，かつ後継者は最大３人に
4　５年経過後に事業継続が困難な事由が生じた場合には納税猶予額を免除

**【既存制度（一般措置）と10年間の特例で２本立てに】**

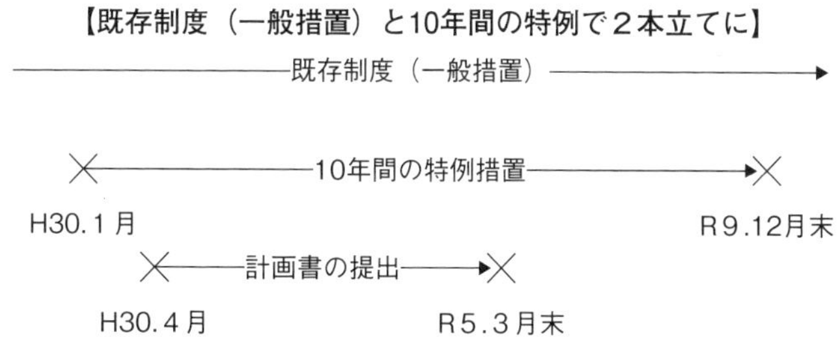

### 3 相続税の納税猶予

従来制度（一般措置）は，発行済株式の３分の２の株数につき，評価額の80％が対象ですので，猶予税額の割合は，評価額ベースで最大でも約53％にとどまります。５年間について80％雇用維持ができるかが課題でしたが，特例措置では事実上廃止されました。一般措置も使い勝手を向上させる改正が行われてきましたが，10年間の特例ではさらに要件が緩和されています。

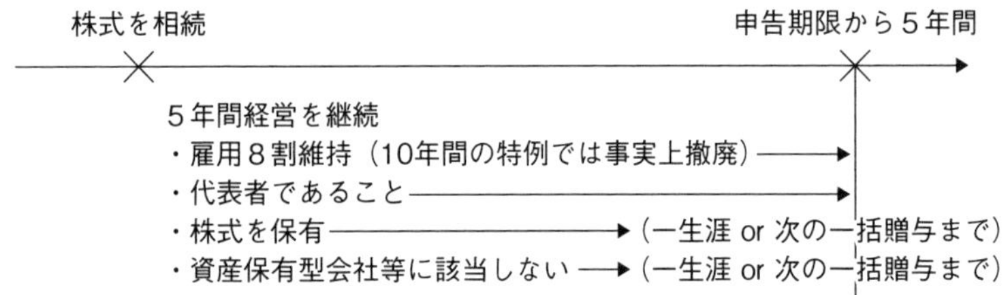


（相続税の自社株納税猶予）
① 先代経営者と後継者は同族で50％超の株式を保有すること
② 先代経営者と後継者は共に筆頭株主であった（ある）こと
③ 相続した全株について評価額の100％を納税猶予
④ 後継者は代表者になること
⑤ ５年間は経営を継続すること（代表者継続・全株式保有）
⑥ ５年経過後も株式を継続保有すること
⑦ ５年経過後も資産保有型会社等に該当しないこと
⑧ 担保提供が必要。対象株式をすべて提供すれば足りる（みなす充足）

### 4 贈与税の納税猶予

贈与税の納税猶予の特徴は先代経営者が代表者を引退しなければならないことです。制度の創設当初は役員に残ることも許されませんでしたが，平成25年度改正後は代表権を外すのみで足り，有給の役員として残ることもできます。

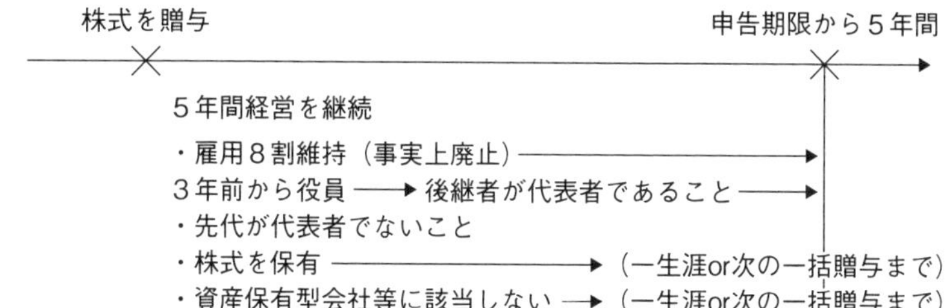


（贈与税の自社株納税猶予）

① 先代経営者と後継者は同族で50％超の株式を保有すること
② 先代経営者と後継者は共に筆頭株主であった（ある）こと
③ 贈与株全株について評価額の100％を納税猶予
④ 先代社長は代表者を退任し，後継者が代表者になること
⑤ 後継者は20歳以上で，役員経験が３年以上であること
⑥ ５年間は経営を継続すること（代表者継続・全株式保有）
⑦ ５年経過後も株式を継続保有すること
⑧ ５年経過後も資産保有型会社等に該当しないこと
⑨ 担保提供が必要。対象株式をすべて提供すれば足りる（みなす充足）

## ５　贈与後先代経営者が死亡したときの手続き

贈与税の納税猶予制度を利用した場合，贈与税が納税猶予されますが，先代経営者が亡くなると，相続税の納税猶予へと切り替える必要があります。相続税の申告と切替確認の手続きが必要です。具体的には贈与時の株式の評価額が実際の遺産に加算され相続税が計算されますが，代表者等の要件を満たすことで相続税が納税猶予される仕組みです。

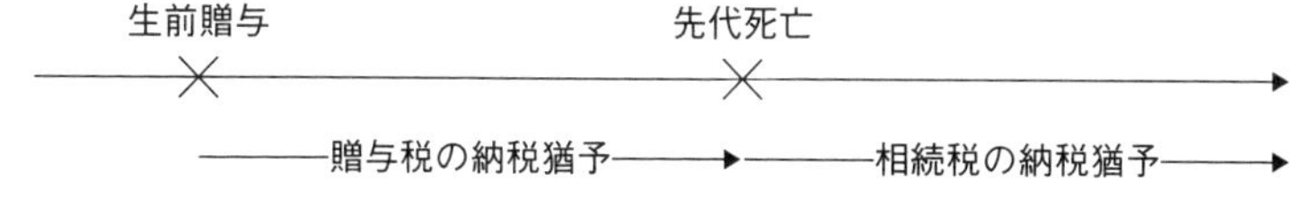


・５年間は代表者であること
・５年間は１株も譲渡しないこと
・同族内筆頭株主であること
・資産管理会社に該当しないこと

・代表者であること
・同族内筆頭株主であること
・資産管理会社に該当しないこと

先代経営者の相続時には改めて後継者が代表者であること等の要件を満たす必要があり，これに欠けると相続税の納税猶予が認められず税負担が生じます。

## 6　納税猶予打ち切りのリスク

事業を廃業すると，事業の継続が困難な事由を満たさない限り納税猶予は打ち切りです。自社のビジネスモデルが成り立たなくなった場合に財務状況に余裕があるうちに積極的に廃業するという選択がしづらくなります。この先何十年と我が社は安泰と思っている中小企業経営者はいないでしょう。その意味では事業承継税制を使ったところから猶予打ち切りのリスクを背負っていくことになります。

また，相続時精算課税を併用すると納税猶予の打ち切りがあった場合に相続時精算課税に乗り換えることができます。事業承継税制を使う場合に限っては推定相続人・孫でなくても利用できます。

納税猶予の打ち切りはリスクですが，贈与または相続後５年の経営期間が経過すると，５年間は利子税が０％となり，その後の期間の利子税も軽減されているので本税以外の負担は少ないものとなっています。

## 7　小規模宅地特例との関係

個人名義の土地を同族会社に敷地として使用させている場合，その敷地には特定同族会社事業用宅地等の特例を適用できます。敷地には小規模宅地特例を使い，株式には事業承継税制を使えば事業承継による税負担はかなり軽減されることになります。

土地を法人で保有する場合は，土地の価値は株式の評価額に反映されます。特定事業用宅地等の特例の面積上限は400㎡ですが，法人版事業承継税制では全株式が納税猶予の対象になるため，法人が利用する不動産が多数ある場合は，法人で所有する方が有利になります。

## Q47 個人版事業承継税制と小規模宅地特例

個人版事業承継税制と小規模宅地特例は実務ではどのように使い分けたらよいのですか。

**A** 事業承継の時期や財産の承継手法によっていずれの制度を選択するかが決まります。

法令・通達　措法70の６の８～70の６の10，措規23の８の８③～⑥

### 解説

#### 1　個人事業者の事業承継税制

令和元年度税制改正によって創設された個人版事業承継税制（措法70の６の８～70の６の10）は，事業承継に伴い，個人事業主から後継者へ贈与した事業用の宅地と，宅地の上の建物・構築物・器具備品に係る贈与税の納税を猶予する制度です。

この制度における事業承継とは，事業用資産の贈与と同時に先代経営者は廃業届を提出し，後継者が事業開始届を提出することです。なお，不動産貸付業はこの制度の対象になりません。

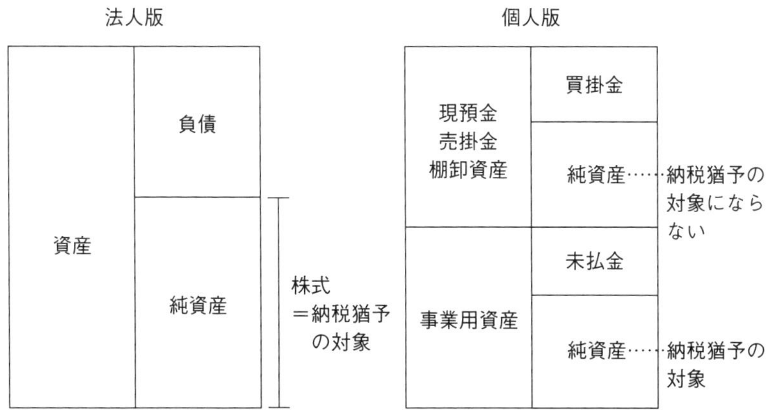

対象となる資産は，事業用資産で青色決算書の貸借対照表に記載されている宅地（400㎡まで），建物（800㎡まで），建物以外の減価償却資産です。棚卸資産や現預金，売掛金など，短期間で資金化される資産は対象になりません。

個人版事業承継税制は不動産貸付業を除き業種を問わず適用できます。法人版とは異なりクリニック・税理士事務所等でも適用可能です。

## ２　具体的な手続きと要件

青色申告者が事業用資産を贈与し，後継者は贈与された資産を事業供用します。先代経営者は贈与時または贈与税の申告期限までに廃業届出書を提出し（措法70の６の８①，措令40の７の８①），後継者は贈与税の申告期限までに開業届を提出して青色申告の承認を受けていることが必要です（措法70の６の８②二，措規23の８の８③～⑥）。また後継者は20歳以上で贈与前に３年以上の同業種での経験が必要です。法人版のように５年間の雇用継続などの経営維持要件はなく一生涯の経営が要求されます。また，個人版事業承継税制は相続でも適用できます。

事業を廃止した場合や資産運用型事業に該当した場合には納税猶予が打ち切られます（措法70の６の８③，70の６の10③）。なお，業績の悪化等で事業継続が困難になった場合の救済措置があります（措法70の６の８⑰，70の６の10⑱）。

個人版事業承継税制は，法人版と同様10年間の特例であり，後継者は令和６年３月末までに都道府県知事の確認を受ける必要があります（円滑化省令17①三）。10年間の特例であることを考えると生前贈与を選択することを想定しているといえます。また，先代経営者の相続時に相続税の納税猶予へと切り替える納税猶予の仕組みは法人版と同じです。

## ３　事業承継手法と選択できる制度の分類

小規模宅地特例における特定事業用宅地等の特例と，個人版事業承継税制は選択制です。誰かが個人版事業承継税制を利用すると，特定事業用宅地等の特例は，他の相続人も使えなくなります。

父親から子供に事業を承継することを前提に個人版事業承継税制と小規模宅地特例の選択を検討します。

【個人版事業承継税制】
① 事業の承継と事業用資産の贈与を同時に行う（贈与税の納税猶予）
② 相続で事業用資産を取得し事業を承継する（相続税の納税猶予）

【特定事業用宅地等の特例】
③ 同一生計の親子が生前に事業を承継し宅地は相続で取得（措法69の４三②）
④ 相続で事業用の宅地を取得し事業を承継する（措法69の４三①）

まず，事業承継が生前に行われる場合です。事業承継による事業主の交代とともに事業用資産を贈与するのであれば，個人版事業承継税制しか選択できません（上記①）。小規模宅地特例は相続・遺贈による宅地の取得が前提となるからです。

次に，小規模宅地特例が適用できる場合を検討します。生前に事業承継を行う場合，宅地は父名義のままにする必要があります。宅地は相続または遺贈で取得する必要があるからです。また，適用できるのは生計一親族の特例ですから，父と子は事業の承継後，相続まで同一生計でなければなりません。つまり被相続人と同一生計の親族が被相続人所有の宅地を事業の用に供している状態にする必要があります（上記③）。

生前の事業承継が別生計の親子によって行われると，③には該当せず小規模宅地特例は使えません。別居の親子は，相続で宅地を取得し事業を承継して小規模宅地特例を適用するか（④），あるいは個人版事業承継税制（上記①②）を検討することになります。

## ４　被相続人の相続時に事業承継を行う場合

相続・遺贈によって事業を承継する場合は，小規模宅地特例と個人版事業承継税制のいずれも適用可能となる可能性があります（上記**3**②と④）。

個人版事業承継税制の選択を視野に入れる場合は，令和５年３月末までに特例承継計画を都道府県知事に提出しておく必要があります。提出したからといって，個人版事業承継税制を適用する義務はありませんので，小規模宅地特例を選択することはできます。

### ５　両制度の規制方法の違い

個人版事業承継税制では，事業用資産の贈与とともに，その資産を取得するための債務を後継者が引き受けた場合，これを控除して納税猶予額を計算します（措法70の６の８②三イ，措令40の７の８⑧）。したがって借入で事業用資産を取得した場合は差し引きした金額しか納税猶予の対象になりません。

これに対し小規模宅地特例は借入で取得すれば相続税の節税になります。小規模宅地特例の減額と債務控除の両取りが可能であるため，多額の借入を行い高額の宅地を取得するほど節税効果が生じることになります。

【設問】
私は財産が３億円ある。相続税対策として４億円を借り入れて宅地を取得し事業を開始しよう。宅地の相続評価は３億円なので小規模宅地特例を適用すると評価額は6,000万円になる。

| | | |
|---|---|---|
| 従前からある財産 | ３億円 | |
| 購入した宅地（小規模宅地特例適用後） | 6,000万円 | （＝３億円×20%） |
| 借入金（債務控除） | △４億円 | |
| | 相続税の課税価格ゼロ | |

このような節税を防ぐには，①債務控除を制限するか，②小規模宅地特例の適用を禁止するかのいずれかです。令和元年度税制改正では，相続開始３年以前に新たに事業を開始した宅地には特定事業用宅地等の特例を認めないという３年縛りの規制を導入しました。

仮に，小規模宅地特例ではなく，個人版事業承継税制を利用する場合ですが，この事例では宅地を上回る債務があるため納税猶予額は算出されません。

## ６　個人版事業承継税制を適用するのはどんな事例か

個人版事業承継税制は宅地だけでなく建物や減価償却資産も納税猶予の対象になります。不動産は賃借していて建物や減価償却資産が多額にある場合は，個人版事業承継税制を検討することになるでしょう。賃貸物件で開業し医療用機器が多額にあるクリニックの経営者や，宅地の評価額が低く，工場設備などを保有する地方の個人事業者などは，小規模宅地特例は適用できないため，あるいは適用しても税負担の軽減効果がそれほどないため，個人版事業承継税制の適用が有力となります。

また，何らかの理由で事業用の宅地を贈与せざるを得ない場合は，小規模宅地特例は適用できませんので個人版事業承継税制の適用を検討することになります。

## Q48 医療法人と小規模宅地特例

被相続人名義の土地を利用するのが，個人が営む診療所の場合と，医療法人の場合に分けて小規模宅地特例について説明してください。法人については，持分の定めのある場合と，持分の定めがない場合で取扱いが異なるのですか。

**A** 個人の診療所については特定事業用宅地等に該当すれば80％減額が適用できます。医療法人については，持分の定めがあれば適用することができますが，持分の定めのない法人の場合，特定同族会社事業用宅地等に該当することはありません。

法令・通達　措法69の４③一，三

### 解説

#### 1　診療所の場合

特定事業用宅地等の特例については診療所の適用を禁ずる条文はないため，被相続人が個人で営んでいた診療所の宅地には，特定事業用宅地等の特例が適用可能です。

したがって，親族が相続によって医業を承継するか（措法69の４③一イ），被相続人と生計を一にする親族が，相続開始前から医業を営んでいる場合に（措法69の４③一ロ），その敷地が80％減額の対象になります。

#### 2　持分の定めがある医療法人

持分の定めのある医療法人は，経過措置医療法人といわれ，現在新たに設立することはできません。第５次医療法改正によって，新規の医療法人はすべて持分の定めがないものとして設立されます。

特定同族会社事業用宅地等は対象となる法人を「会社」に限定していないため，医療法人が医業の用に供している被相続人名義の宅地等については80％減額の対象になります。

ただし，特定同族会社事業用宅地等の特例は，発行済株式等の50％超を被相続人と親族が保有することが要件となっていますので，適用が可能となるのは持分の定めがある医療法人の場合です。この場合に，医療法人の医業の用に供されている土地を相続によって取得した親族が，申告期限までに医療法人の役員に就任し，相続税の申告期限まで宅地を保有していれば80％減額が認められます。

### ３　持分の定めのない医療法人

持分の定めがない医療法人は，持分要件を満たすことができませんので，この特例の対象から外れることになります。役員や社員が家族のみであるような医療法人であっても，その敷地は特定同族会社事業用宅地等には該当しません。

なお，既存の持分の定めのある医療法人は，定款を変更し出資者が持分を放棄することで持分なしの医療法人へと移行することができます。平成26年度改正では，放棄の際に残存社員に生じるみなし贈与税の納税猶予などの整備も行われています（措法70の７の９～70の14の９）。持分の定めがある医療法人であっても，定款を変更し持分の定めのない医療法人へと移行すると，特定同族会社事業用宅地等としての小規模宅地特例は利用できなくなります。

### ４　一般社団法人などの持分のない法人も同様

持分の定めのない法人は，医療法人以外にも一般社団法人，一般財団法人などがあり，これらの法人は誰にでも設立できます。同族関係者が理事となり，家業を営むことにも一切の制約はありません。一般社団法人等も持分の定めがないため，被相続人の宅地を一般社団法人等が使用していたとしても，特定同族会社事業用宅地等の減額は適用できません。

## Q49 売買契約中の土地と小規模宅地特例

売買契約中において，所有権移転を行う前に買主が急死したような場合，相続税の申告はどのように行うのですか。また，その土地は小規模宅地特例の対象になりますか。

**A** 買主の相続人は，所有権移転請求権と代金支払債務を計上して相続税の申告を行います。相続する財産は債権ですので小規模宅地特例の適用はないものと考えられますが，土地建物として申告する場合は適用可能との考え方もあります。

法令・通達　課税庁資産税課情報第１号（平成３年１月11日），措通69の４－５，69の４－８

### 解説

#### 1　売買契約中の土地の申告

【設問】
父親が土地を購入する契約をし所有権移転と代金の支払いをしないまま相続が開始した。土地の売買代金は5,000万円で相続評価額は4,000万円だ。手付金1,000万円を生前に支払っている。

買主は，所有権引渡請求権として5,000万円，代金支払の残債務4,000万円を債務控除します。なお，手付金の1,000万円はすでに支払っているので現預金が減少しているはずです。また，納税者の選択により，所有権引渡請求権ではなく，土地建物等として相続税評価により申告した場合はこの処理が認められます。

買主の相続人の申告

| 引渡請求権　5,000万円 | 支払債務　4,000万円 |
|---|---|

| 買主の相続人の申告（土地として申告することも認められる） | |
|---|---|
| 土地　4,000万円 | 支払債務　4,000万円 |

一方，売主が，所有権移転を行う前に死亡して相続税を申告する場合，実際の請求額5,000万円から受け取り済みの手付金1,000万円を差し引いた4,000万円を売買代金請求権として申告します。なお，手付金1,000万円は現金残高で計上されているはずです。

| 売主の相続人の申告 | | |
|---|---|---|
| 売買代金請求権 | 4,000万円 | |
| 現預金 | 1,000万円 | |

つまり，土地の売買契約締結中に売主あるいは買主に相続が発生すると，売主側は，債権として売買代金請求権，債務として所有権移転義務（債務控除はしない）を負担します。一方，買主側は，債権として所有権移転請求権，債務として代金支払債務を負担することになります。

## 2　小規模宅地等の特例の適用

小規模宅地等の特例の適用について検討すると，売主に相続が開始した場合，売買契約中の土地建物は，売買代金請求権としての債権ですので小規模宅地特例を適用する余地はありません。

買主についてはどうでしょうか。こちらも所有権引渡請求権という債権ですが，土地建物等として申告することも認められていますので，小規模宅地特例を適用できると考える余地があります。事業用建物や居住用建物の建築中に相続が開始した場合に，小規模宅地特例の適用を認める措置法通達の取扱い（措通69の４－５，69の４－８）を考えると，売買契約中であったとしても小規模宅地特例の適用が認められるという考え方です。仮に，売買契約中の不動産が居宅とその敷地の場合，完成引き渡し後に親族が居住すれば，特定居住用宅地等と取り扱う余地があると考えることができます。また，そのような解説もあります。

しかし，実際には引渡請求権ですから，小規模宅地特例が租税特別措置法によるものであり，特例の適用となる対象財産はあくまで「宅地等」である以上，拡大解釈は許されず小規模宅地特例の適用はないとの見解もあります（税大論叢「土地等の売買契約締結後に相続が開始した場合の課税財産及び評価等について」）。

たしかに，条文からは適用できないとするのが正しい解釈に思えますが，所有権移転請求権は土地にしか変わりようがない財産ですから，小規模宅地特例が認められるべきだと思います。たとえば，親子で同居している親名義の居宅を買い換え，新たな新居の売買契約中に相続が開始した場合には同居特例を否定する理屈はありません。

## Q 50 信託と小規模宅地特例

**信託を利用した財産管理が有効と聞きました。どのような利用価値がありますか。たとえば，居住用の土地建物を信託しても小規模宅地特例は使えるのでしょうか。**

**A** 信託を利用すれば，確実な財産の移転が実現できます。その場合でも小規模宅地特例が適用できます。

（法令・通達） 相法９の２，信託法90，措法69の４，措令40の２㉗，措通69の４－２

### 解説

#### 1　生前贈与をすると小規模宅地特例は使えない

親の財産を確実に承継する方法としては遺言で相続する方法がありますが，一番確実な手法は生前贈与です。

相続時精算課税（相法21の９）を選択して土地の生前贈与を受けた場合や，相続開始前３年以内に土地の贈与を受け，生前贈与加算（相法19①）が適用される場合，これらの土地は相続税の対象になりますが，小規模宅地特例の適用はありません（措通69の４－１）。小規模宅地特例は相続・遺贈により財産を取得した場合にのみ適用される制度だからです。

相続時精算課税で贈与すると小規模宅地特例を適用できないのはなぜでしょうか。適用を認める改正をしてもよいではないかという疑問が生じるかもしれません。しかし，贈与で取得した資産は当然ながら受贈者が自由に処分できますから，居住や継続保有を要件とする小規模宅地特例を適用することはできません。

#### 2　信託を利用した財産管理手法

生前贈与は最も確実に財産を移転する手法といえますが，やはり大きな決断が必要ですし，後悔しても撤回できません。財産を確実に承継する目的で，生前贈与に代替する有力な手法が信託を使ったスキームです。欧米では長い歴史がある信託は一般家庭にまで普及しており，日本でも平成18年12月に信託を使いやすくするための大きな改正が行われています。

信託では，財産の所有者（委託者）が，信頼できる人（受託者）に財産の所有権を移転します。受託者は，受益者のために，信託財産を管理，処分します。受益者は信託財産から生じる利益を受け取ります。また，信託が終了すると受益者に財産が帰属します。

たとえば，父親（委託者）が所有する賃貸不動産を子供（受託者）に移転して管理を任せます。父親の生前は自分が受益者になります。そして父親が亡くなったら信託を終了して子供に不動産が帰属するようにします。この場合，息子は残余財産の受益者という立場になります。このように委託者死亡後の受益者をあらかじめ決めておく信託は，遺言と同様の効果があることから遺言代用信託と呼ばれます（信託法90）。

この信託では賃貸アパートの名義は子供になり信託の登記を行います。父親の生前のうちに息子に所有権を移転し管理を任せるわけですから生前贈与に代替する効果もあります。民法上は息子が所有者となりますが，税法上は贈与とは見ませんので贈与税の負担は生じません。父親の存命中は家賃を受け取るのが父親であり，税法は父親を所有者とみなすからです。

父親の相続で賃貸不動産は息子が遺贈によって取得したものとみなすため，敷地には小規模宅地特例の50％減額の適用も可能です。

この場合，父親の存命中，父親（委託者）の判断だけで信託を終了したり，将来の受益者を変更できないようにしておくとよいでしょう。遺言は常に書き換えのリスクがありますが，信託は撤回できないようにすることが可能です（信託法90①ただし書）。信頼できる受託者名義で財産が管理できることと，元の所有者が亡くなったら指定された者が自動的に受益者になるのが信託のメリットです。

## ３　信託税務と小規模宅地特例

信託では元の所有者である委託者は，信託契約で定めない限り，基本的に信託財産の運用に関与することはなくなります。つまり，信託の主役は受益者なのです。受益者は財産の利益を受け取り，信託が終了すれば財産の引き渡しを受けるのですから，「受益権」という債権を通じて財産を実質的に所有しているとみることができます。そのため，税法は受益者を信託財産の所有者とみなします。

> 【設問】
> 母親は，信託契約に基づき，父親を受託者とし，母親を受益者とする自益信託をスタートさせた。信託財産は賃貸アパートである。母親が亡くなったら，息子が次の受益者に指定されている。

信託を設定した段階では，委託者である母親は受益者でもあるため資産の移転は認識せず贈与税は生じません。所有権は移転しますが，税法上は受託者に財産を預けたに過ぎないと考えます。

> 【設問】
> 母親が亡くなったため，息子が受益者になった。信託は終了せず引き続き父親が財産を管理する。

母親の死亡によって息子が受益者になったため，信託財産の遺贈があったものとみなして，息子には相続税が課されます（相法９の２①）。

> 【設問】
> 信託財産は貸付事業用宅地として小規模宅地特例が適用できるのか。

信託財産はアパートとその敷地なので，息子が受益権を取得したときには貸付事業用宅地等として小規模宅地特例を受けることができます。信託財産が自宅とその敷地であれば，特定居住用宅地等として小規模宅地特例を受けることができます（相法９の２⑥，措令40の２㉗，措通69の４－２）。

# 索　引

## 数　字



## あ　行



## か　行



## さ　行

## た　行



## な　行



## は　行

## ま　行



## や　行



## ら　行

〔著者紹介〕

白井 一馬（しらい かずま）

税理士
昭和47年大阪府藤井寺市生まれ。
平成15年６月税理士登録。石川公認会計士事務所（現・税理士法人STM総研），税理士法人ゆびすいを経て，平成22年２月白井税理士事務所開設。

〔主な著作〕
『顧問税理士のための相続・事業承継業務をクリエイティブにする方法60』中央経済社
『一般社団法人・信託活用ハンドブック』清文社（共著）
『役員退職給与の税務 完全理解』日本法令（共著）
『事業承継におけるリスク回避の重要ポイント』大蔵財務協会（共著）
『民法相続編の改正』清文社（共著）
『組織再編税制をあらためて読み解く―立法趣旨と保護法益からの検討』中央経済社（共著）
『「むずかしい税法条文」攻略本―法人版事業承継税制編』中央経済社（共著）ほか

税理士のための 相続税Q&A
小規模宅地等の特例

2014年10月25日 第１版第１刷発行
2016年12月10日 第１版第３刷発行
2020年11月１日 改訂改題第１刷発行

著 者 白 井 一 馬
発行者 山 本 継
発行所 ㈱ 中 央 経 済 社
発売元 ㈱中央経済グループパブリッシング

〒101-0051 東京都千代田区神田神保町1-31-2
電話 03（3293）3371（編集代表）
03（3293）3381（営業代表）
http://www.chuokeizai.co.jp/
印刷／昭和情報プロセス㈱
製本／㈲ 井 上 製 本 所



＊頁の「欠落」や「順序違い」などがありましたらお取り替えいたしますので発売元までご送付ください。（送料小社負担）
ISBN978-4-502-36461-7 C3034